SV

Thomas Kunst

ZANDSCHOWER KLINKEN

Roman

Suhrkamp

3. Auflage 2021

Erste Auflage 2021

Satz: Dörlemann Satz, Lemförde
Druck: CPI books GmbH, Leck
Printed in Germany
ISBN 978-3-518-42992-1

ZANDSCHOWER KLINKEN

Für meine Mutter, meinen Vater
und meine Schwester
in Liebe und Dankbarkeit

»Das leere Haus hat mich nicht gestört, aber das ist ein brauchbares Vorgefühl auf den Tod: die Abendgarderobe im Schrank, oben der Haufen Spielzeug, die Regale mit Gläsern und Geschirr. Die Wärme des Besitzens, des Lebens, hat all diese Dinge verlassen; es sind jetzt geisterhafte Dinge.«

John Cheever, *Tagebücher*

I

Sansibar, Apfelblüten

CLAASEN GEHT DEN WEG ZU SEINEM AUTO ZURÜCK, DAS er am Anfang der Verlaatstraße in einer Seitengasse abgestellt hat. Sein Jahr in Levenhaug ist um. Seine Zeit mit Silje und Weißäuglein ist um. Was er gerade in diesem Erdgeschoss gesehen hat, verändert jäh seine Biographie. Der neue Mann. Die alte Hündin. Das Insulin. Zu Hause liegt nur noch wenig, was an ihn erinnert. Er nimmt das Hundehalsband aus der Kommode und legt es auf das abgerundete Armaturenbrett seines Wagens. Er würde jetzt bestimmt auffallen mit seinem Fahrstil. Er fällt jetzt auf mit seinem Fahrstil, denn Claasen hat sich vorgenommen, sein Auto so vorsichtig, langsam und gleichmäßig zu bewegen, dass das Halsband so lange wie möglich auf dem Armaturenbrett liegen bleibt. An der Stelle, an der es herunterfällt, will er anhalten und ein neues Leben beginnen. Man muss Claasen schon kennen, um ihm so etwas auch wirklich abzunehmen. Er hat drei Versuche, um auszuschließen, künftig in einem Wald, in einem Kornfeld oder in einem Flusslauf leben zu müssen, falls der Flusslauf gleich neben der Straße liegend zum Stehen kommen würde. Das Ortsausgangsschild von Levenhaug zählt noch nicht zu den drei Versuchen.

DIE WARNBLINKANLAGE TICKT, HINTER CLAASEN STAUEN sich die Fahrzeuge. Am liebsten immer geradeaus. Nur in keine Kurve einbiegen. Er winkt den Überholenden zu. Es kommt ihm heldenhaft vor, die anderen auszubremsen, sie daran zu hindern, Termine und Verfehlungen einzuhalten. Die ersten fünfhundert Meter sind geschafft. Pferde und Kornfelder ziehen an ihm vorbei, aber in umgekehrter Reihenfolge. Das Halsband lebt. Hier gibt es keine Ampeln. Seit etwa zehn Minuten versucht er, im dritten Gang zwanzig Stundenkilometer zu fahren. Das könnte Monate so weitergehen. Die Landstraße bleibt ihm gewogen. Im Halsband selbst gibt es für die verbrauchte Luft kaum Möglichkeiten zu wenden.

NORDDEUTSCHLAND HAT EINIGE FERNSEHERFAHRUNG und ist gerade bei einem Interview mit Kevin Keegan im Hintergrund zu sehen. Head over Heels in Love. Früher ging es noch, Fußballstar und Popsänger zugleich zu sein. Platz zehn in der Verkaufshitparade. Die präzisen Anspiele der Sonne sind in der Kabine geblieben. Wir lieben immer nur die, die es nicht schaffen, bis ganz nach oben zu kommen. Was Claasen benötigt, ist die Geduld der Menschen, die noch leben.

WENN DAS BEGLEITEN EINES HALSBANDES DURCH DIE Dörfer nicht so schön wäre, könnte es auch langsam dunkel werden. Der Scheibenwischerhebel rechts am Lenkrad ist vorerst nicht zu bedienen. Reine Vorsichtsmaßnahme. Claasen sagt in der sich allmählich ausbreitenden Dämmerung das Alphabet auf. Wenn beim Aussprechen der Buchstaben H, M, P und Y jeweils links oder rechts ein Baum am Straßenrand steht, kommt er in dieser Nacht noch unzählige Kilometer weiter. Abweichungen von zwei bis fünf Fuß sind erlaubt. Wir wollen nicht kleinlich sein. Fast die gleiche Anzahl Bäume zu beiden Seiten der Fahrerkabine. Landstraße, Autobahn, aber in umgekehrter Reihenfolge.

EIN WILDWECHSEL WÜRDE IHM JETZT GERADE NOCH fehlen. Claasen überlegt, wie die Kilometerzahl unter den Gefahrenschildern zustande kommt. Vier Komma fünf Kilometer. Bei vier Komma sechs Kilometern atmet er spürbar auf. Oder sollte er sich lieber doch erst nach weiteren einhundert Metern in Sicherheit wiegen. Es gibt keine Statistiken, die belegen, wie genau es die Tiere mit der ihnen zur Verfügung gestellten Strecke nehmen, innerhalb derer sie den Wechsel der Straßenseite vorzunehmen haben. Ortseingangsschilder und Leitpfosten ziehen an ihnen vorüber, aber in umgekehrter Reihenfolge.

CLAASEN HAT SICH VORGENOMMEN, SEIN AUTO SO VORsichtig, langsam und gleichmäßig zu bewegen, dass das Halsband so lange wie möglich auf dem Armaturenbrett liegen bleibt. An der Stelle, an der es herunterfällt, den Anschein macht, herunterzufallen, will er anhalten und ein neues Leben beginnen. Ohne Musik. Ohne Selbstmitleid. Ohne Ewigkeit und Verantwortung. Erst mal die Wälder und Kornfelder hinter sich lassen, aber in umgekehrter Reihenfolge. Er wohnt mit Vorliebe in Gegenden, in denen im Notfall jede Hilfe für ihn zu spät käme.

ER HÄLT DEN JAGUAR FÜR EIN STÜCK WILD, AUF DER A7, linke Spur, fast tot, der Körper dampft, die Dunkelheit ist rot, ein Bremsversuch passt nicht ins Straßenbild, gesprungene Beleuchtung, schwarzer Kot, die andere Spur gleicht Gottes Gnadenbahn, zur rechten Zeit befahren, subkutan, das Herz macht Zaubertricks und wird Idiot im Untergrund, die Sattelschlepper beben, die Ferne führt um eine halbe Länge, die Planke ist die Grenze, jottwedee, Entgratungsreste, die den Wind beleben, zu bremsen gibt es nichts in dieser Enge, dem Thermometer nach liegt nicht mal Schnee.

DREIMAL IST ES IHM ERLAUBT, ANZUHALTEN UND DAS Halsband wieder in eine günstigere Position zu rücken, näher zur Frontscheibe hin. Für einen Augenblick überlegt er, ob sich die Warnblinkanlage und der Fahrtrichtungsanzeiger die gleichen Lichtquellen teilen und es dadurch zu parallelen Frequenzüberlappungen kommen könnte. Keine Häuser. Keine Viehzuchtanlagen. Er fährt und fährt. Das Bild des Mannes mit der Insulinspritze vor Augen. Claasen hätte einen Weltkrieg im Erdgeschoss gebraucht, der Weißäuglein verschont, einen Krieg, gleich nach der Spritze.

EINMAL IST WEISSÄUGLEIN BEIM SPAZIERENGEHEN UMGEkippt. Eine Fingerspitze mit Traubenzucker unter die Zunge. Und sie war wieder die Alte. Eine Fingerspitze mit Traubenzucker. Das Hundehalsband vor dem Abgrund. Die Fußbodenmatte ist das Straßenpflaster, aber in umgekehrter Reihenfolge. Zandschow. Zandschow. Den Namen dieses Dorfes hat er schon einmal irgendwo gelesen, irgendwo gehört. Claasen erinnert sich. Es kann gar nicht so lange her sein, seit die amtierende Regierung den Beschluss gefasst hat, für einen Zeitraum von zwölf Monaten, auf der A7, zwischen den Abfahrten Zandschow und Höverlake, sämtliche Unfälle zu untersagen. Dabei handelt es sich um einen Streckenabschnitt von siebzehn Kilometern, von denen vier Komma fünf Kilometer allein den Schrittwechseln der Tiere vorbehalten sind. Falls sie es tagsüber oder nachts unbemerkt auf die bewaldeten Inseln zwischen Landstraße und der fast parallel verlaufenden Autobahn geschafft haben. Und es hoffentlich nicht versäumt wurde, auch hier dieses Gefahrenschild aufzustellen. Aber solch ein Hinweis würde wohl eher auf einer Chaussee fehlen, stünde dem Verkehrsamt für die Bewegungsinstinkte des Wildes nur noch ein Schild zur Verfügung. Bei Zuwiderhandlungen, bei zu registrierenden Unfällen, fallen neben der Schadensabwicklung außerdem noch hohe Geldstrafen an. Die Menschen in dieser Region haben die Wahl, auf Unfälle zu verzichten.

SELBSTBEWUSSTE REHE UND FASANE, SICH LANGWEILENDE Ärzte, Nachtschwestern, Versicherungsangestellte, Autoschlosser, Krankenwagenfahrer und Mitarbeiter des örtlichen Abschleppdienstes. Sie alle könnten für ein Sabbatjahr nach Cartagena gehen. Dort gibt es keine derart unsinnigen Regierungsbeschlüsse. Mir ist aber nur der Fall eines Rehs bekannt, das diese Möglichkeit nutzen möchte. Mit der Familie ist noch zu sprechen. Eine Auslandskrankenversicherung sollte möglichst zeitnah abgeschlossen werden. Sollte dem Reh in der Küstenstadt etwas zustoßen, gehören zu den Serviceleistungen der DKV die Vermittlung eines medizinischen Dolmetschers und die Organisation einer Besuchsreise durch Angehörige. Nachtschwester Ines ist noch unentschlossen. Die ständigen Gerüchte über die Departamentos del Chocó und de Norte de Santander in den abgelegeneren Teilen Kolumbiens. Landminen und Scopolamin. Zandschow ist ein Nest im äußersten Norden. Ein Feuerlöschteich im Zentrum. Wohncontainer. Getränke-Wolf. Apfelbäume. Wenn hier alle stranden, denen bei diesem Huckelpflaster ihr Hundehalsband vom Armaturenbrett rutscht, braucht man sich um diese Walachei keine Sorgen mehr zu machen. Claasen hat nachgeholfen. Ist rechts rangefahren. Zandschow.

MEIN AUSSTEIGEN DAUERT MONATE. DAS HALSBAND stellt sich quer. Sonntags. Kaum Betrieb. Wäre ich hier nur an einem Dienstag oder Donnerstag rechts rangefahren. Die großen Abstände zwischen den Trauerweiden am Teich verhindern die Gedanken an Nahrung, Genussmittel und Wohnraumbehörden. Aber in umgekehrter Reihenfolge. Mein Aussteigen ist auch immer wieder das Einsteigen. Ich sehe nach, ob ich meine Papiere und Dokumente im Handschuhfach vollständig beisammenhabe. Die ADAC-Karte brauche ich gerade am wenigsten. Ihre Helligkeit nervt. Im Halsband selbst gibt es für die verbrauchte Luft kaum Möglichkeiten zu wenden. Nach einigen Tagen und Wochen, ich fahre immer an der gleichen Stelle rechts ran, ist mir aufgefallen, dass ich mit den Einheimischen eher beim Einsteigen ins Gespräch komme als beim Aussteigen. Einige Kilometer vorher lasse ich das Fenster auf meiner Seite herunter. Die Gegend wirkt arm, aber nicht gefährlich. Ich steige aus und wieder ein. Am Teich. Zwischen den Bäumen. Aus und wieder ein. Aber in umgekehrter Reihenfolge. Ich bin nachlässig gekleidet. Auf dem Beifahrersitz liegen weder Bücher noch großspurige Zeitungen. Ich lege das Halsband ans Ufer und versuche, aus einiger Entfernung mit Steinen das Gleichgewicht im Innern herzustellen. Habe ich den fünften Stein im Kreis platziert, darf ich hierbleiben. Um die hilflose Art, hierbleiben zu wollen und von den Dorfbewohnern aufgenommen zu werden, noch etwas mehr zu betonen, bemühe ich mich im Sitzen darum, die Steinchen ins Zentrum zu befördern. Habe ich den siebzehnten Stein im Kreis platziert, muss ich zwölf Steine wieder rausnehmen. Ich hoffe, dieses Besiedelungsmodell findet hier keine Anwendung. Keine Sorge. Ich steig ja schon wieder ein.

ICH KANN NICHT VERHEHLEN, DASS MIR DIE BEIDEN Sklaven bei Getränke-Wolf Angst machen. Aber mein Hundehalsband hat für mich entschieden. Ich werde in Zandschow bleiben. Wolf hat diesen Laden nach dem Tod seiner Eltern geerbt. Im hinteren Lager steht eine Sonnenbank aus der Prestige-Serie von Ergoline. Wie hier UV-Licht und rotes Beauty Light per Knopfdruck zur Wunschbräune führen, bringt einen schier um den Verstand. Hautpflege inklusive. Über dreihundert ausgesuchte Farben und Lichtanimationen im Innenraum. Sansibar, Apfelblüten. Afrikanische

Biere in den Regalen. DjuDju Banane. Mongozo Palmnut. Windhoek Lager. Wolf vertickt die Getränke zu Schleuderpreisen. Seine Großeltern hatten ihren Kindern viel Geld hinterlassen. Um aus Zandschow rauszukommen, blieben sie in Zandschow. Kauften technisch hochwertige Geräte. Eine Sonnenbank und einen Primera LX 900e Vollfarb-Etikettendrucker mit separaten Tintentanks für Zyan, Magenta, Gelb und Schwarz. Das DjuDju Banane schmeckt wie Maternus Gold ohne Banane. Das Mongozo Palmnut könnte man mit einem Perlenbacher Pilsner verwechseln. Und das Windhoek Lager neigt zur bitteren Frische eines Grafenwalder Strong. Wolf bringt neben den Getränken auch noch Waren des täglichen Bedarfs an den Mann. Wer sich bei ihm mit Bier versorgt, darf für eine halbe Stunde nach Sansibar. Seine Verbindungen in die Stadt sind bekannt. Er ist mit vielen Künstlern und Betriebswirten aus der Umgebung befreundet. Die selbst entworfenen Etiketten auf den Flaschen treiben den Alkoholgehalt in die Höhe. Palmen im Horizontboden. Und anstelle eines Sonnenuntergangs ein paar Flamingos in den vielen unverkennbaren Salzseen dieses Kontinents.

DEN FEUERLÖSCHTEICH KÖNNTE MAN AUCH GETROST für keinen Feuerlöschteich halten. In der Mitte eine Insel. Bäume und Bänke am Ufer. Michamvi Beach. Zwölf Tische auf der Restaurant-Terrasse. Jede volle Stunde setzt ein Boot zum Eiland über. In den Stoßzeiten bleiben wir lieber am Strand. Wir haben uns angewöhnt, sowohl die Frauen als auch die Männer, an den Tagen, an denen wir dazu neigen, den Indischen Ozean mit unseren Füßen zu betreten, den Indischen Ozean in Zandschow mit unseren Füßen zu betreten.

DIE CHEMIE STIMMT IM NORDEN, ABER HÄTTE DIE VYnova Group ihre beiden Produktionsstätten für die Chlorherstellung wie geplant in Zandschow und Höverlake errichtet, hätten die Einheimischen und die Zugewanderten ihren Lebensmittelpunkt an der Küste verloren. Sansibar, die Wunschbräune ehemaliger Fabrikarbeiter und Hundebesitzer. Um die sichere Rohstoffversorgung über Seehäfen und Pipelines zu gewährleisten, war die ChemCoast im letzten Moment auf die Standorte Voslapp und Rüstersiel ausgewichen, direkt an der südlichen Nordsee gelegen, mit Zugang zu tieferem Fahrwasser. Als das bekannt wurde, gab es am Strand kein Halten mehr. Weil die Dorfbewohner mit dieser Mitteilung zufrieden waren, drückten sie die Eins.

JEDES JAHR UM DIESE ZEIT ORGANISIERT WOLF AM TEICH das Darajani-Fest. Er spannt Hängematten zwischen den Bäumen auf, lässt Kanus aus dem Landesinneren an die Strände ziehen, verteilt Obst und Gewürze an das Partyvolk, schenkt Windhoek Lagerbier auf eigene Kosten aus und organisiert die Überfahrten zur Insel. In den Stoßzeiten bleiben wir lieber auf dem Eiland und besetzen alle zwölf Tische. Rudert ihr doch zum Nakupenda Beach rüber, wenn es euch hier zu voll ist. Die Arbeitersiedlung von ChemCoast ist nahezu unbewohnt. Erst die Industrie, dann die Unterbringung für die Werktätigen, aber in umgekehrter Reihenfolge. Claasen ist nur selten zum Schlafen dort. Seine Tür verriegelt er dann von innen mit einem Balken. Spartanische Einrichtung. Matratze. Tisch. Stuhl. Wandschränkchen. Stehlampe. Hometrainer. Das Halsband am Fensterknauf. Die Nächte verbringt er lieber mit den Einwohnern an der Küste.

IM EL SANTISIMO, IN DER CALLE DEL TORNO, SIND IM Preis für das Abendessen für zwei Stunden auch sämtliche alkoholischen Getränke eingeschlossen. Nachtschwester Ines ist jetzt doch für ein Jahr nach Cartagena gegangen. Die ständigen Gerüchte über die Departamentos del Chocó und de Norte de Santander, die meilenweit von ihrer Stadt entfernt sind, konnten sie letztlich nicht abschrecken. Innerhalb der Mauern Cartagenas patrouillieren täglich zweitausend Polizisten. Die weniger frequentierten Gegenden wie Getsemani und La Matuna lässt sie in den Nächten links liegen. In den Bars stülpt sie eine Schmuckschale in Terrazzo-Optik über ihren Coco Loco, aus Angst vor fremdem Speichel und Scopolamin. So stellt sie sich auch ihr Haus später vor. Eine meterdicke, weiße, bewohnbare Säule mit Kopfbrüstung im Hochland von Cartagena. Einen milchigen Eiswürfel als Fahrstuhl. Dauerverwöhnte Frische im Lift. Unantastbare Kabinenmaße. Sie arbeitet im Hospital Naval, um ihre Ersparnisse etwas aufzustocken. Tagsüber sitzt Nachtschwester Ines in der Sprachschule neben einem Reh und hat das Gefühl, das Reh würde schon nach einer Woche eine höhere Sprachkompetenz aufweisen als sie. Dieses Wild haust wie Ines im La Estrella, in einem Zelt unter einem Strohdach, fast am Strand. Die Standorttreue, die man Rehen gewöhnlich nachsagt, ist diesem Tier einfach nicht gegeben. Erst an deutschen Autobahnen herumlungern, jetzt in einer Sprachschule im Ortsteil San Diego Spanisch lernen und sich nachts zum Schlafen in eine Hängematte legen. Livesalsa mit kubanischen Trompeten. Kleinstes Hauptgericht. Arepa mit Butter und Salz. In den zwei Stunden, die Ines und dem Reh zum Trinken bleiben, zelebrieren sie ihre nahezu magische Aufenthaltsgelassenheit. Das Reh kann im Suff auf Spanisch schon einen Satz sagen. Ich möchte meinen Taxischein machen. Es hat noch keine Punkte in Flensburg, eine zweijährige Praxis beim Überqueren von Verkehrsinseln und eine gute Orientierung bei schlechter Witterung. Das polizeiliche Führungszeugnis muss zeitnah aus Wilhelmshaven rübergefaxt werden. Die letzte augenärztliche Untersuchung liegt Jahre zurück. Die Standorttreue gegenüber der Hängematte in der Nähe des Strandes wird dem Reh nicht zum Verhängnis. An den Wochenenden bleibt die Sprachschule in San Diego geschlossen.

IM SEPTEMBER VERANSTALTET WOLF AN DER KÜSTE DIE Francis-Drake-Festspiele. Die Blockade von Cartagena steht auf dem Programm. Gelost wird, wer Drake, wer Engländer, wer Spanier und wer Sklave sein soll. Dafür hat Wolf das Halo-Fischglas, 30 Liter, von seinem Schreibtisch genommen und auf eine Bank am Ufer gestellt. Nur noch zwei auf Lager. Kunden, die diesen Artikel gekauft haben, haben auch ein Kieselsteinset und Magnetscheibenreiniger gekauft. Wolf beschriftet Papierchen, faltet sie sorgfältig, vertieft mit Büroklammern ihre Schmuckhaltigkeit und legt sie auf den Boden des Aquariums. Die Rolle der Sklaven ist seit Jahren die begehrteste. Voller Verachtung sinnen sie auf Rache. Die spanischen Gefangenen werden in Booten an Land gebracht. Drake muss seine Cimarrones, mit denen er sich zuvor verbündet hat, zurückhalten, damit sie den feindlichen Soldaten kein Leid antun. Es ist ihnen lediglich erlaubt, die verhassten Europäer, sobald die Küste in Sicht ist, ins Meer zu stoßen. Die entflohenen schwarzen Sklaven stellen zu jener Zeit die größte Gefahr für die Kolonisten dar. Der Höhepunkt der Festspiele ist immer die Ausstrahlung der mehrteiligen Fernsehserie »Die Abenteuer des Sir Francis Drake« auf einer Kinoleinwand am Strand zwischen den Palmen. Von den dreizehn Episoden, die neunzehnhundertsiebenundsechzig in der ARD ausgestrahlt wurden, schafften es immerhin sechs

Folgen neunzehnhundertfünfundsiebzig in das DDR-Fernsehen. Claasen war zu diesem Zeitpunkt zehn Jahre alt. Segelte die Golden Hind unter vollen Segeln in die Wohnzimmer und schoss eine Breitseite ab, sonntags gegen fünfzehn Uhr, wollten alle Diego, Drakes Sklave, sein. Eine Wahl der Episoden kann erst nach Wahl der Sprache erfolgen, aber in umgekehrter Reihenfolge. Uneingeschränkte Kaufempfehlung für Chemiearbeiter und Hundebesitzer. Neunzehnhundertfünfundsiebzig war überhaupt ein gutes Jahr für die DDR-Führung. Denn es gab auch »Die Männer von Saint Malo«. Die Franzosen, die in dieser Serie in Saint-Malo und in der Karibik gegen die Engländer und Spanier kämpften, hatten ebenfalls gute Piraten. Nicolas de Coursic war unser zweiter Held, falls zum Fasching zu viele von uns als Francis Drake gehen wollten. Die erste Folge war Anfang November an einem Montag zu sehen. Die Golden Hind war die Sémillante, aber in umgekehrter Reihenfolge. Die kleinste Revolution konnte daher in den nächsten sechs bis zwölf Wochen nur an einem Dienstag beginnen. Neunzehnhundertfünfundsiebzig war überhaupt ein gutes Jahr für unsere Eltern. Samstags gab es Zitronentörtchen von Gager, an den Sonntagen lief Francis Drake, und montags nannten wir uns Nicolas de Coursic. Nur die Lose mit dem Buchstaben S schwimmen am nächsten Morgen auf dem Wasser. Weil die Spanier und die Sklaven mit dem gleichen Buchstaben beginnen, nennt man die Geknechteten in Zandschow Cimarrones.

ABER DIE CHEMIE STIMMT IM NORDEN, WOLFS GETRÄNKEladen besteht zum größten Teil aus Asbestzement. Ein Umbau ist während der Feiertage ausgeschlossen. Kann das Brechen der Innenplatten nicht vermieden werden, wäre ein umfangreiches Nässen dieser Materialien und das Auflegen feuchter Tücher sinnvoll, um eine Staubfreisetzung zu unterbinden. Bei den Hygienemaßnahmen wird darauf hingewiesen, dass für Asbestzementbaustellen, die länger als ein paar Tage dauern, eine Duschmöglichkeit oder eine Sonnenbank zum Entspannen vorhanden sein muss. Eine Studie hat gezeigt, dass die beiden Hilfskräfte gegenüber Asbest etwa dreihundertmal empfindlicher sind als Ratten. Also überlegt Wolf, aus gesundheitsdienlichen Gründen, sein Personal durch Ratten zu ersetzen. Hamster sind gegenüber diesen Giftstoffen sogar noch unempfindlicher als Ratten, aber man kann ja auch nicht ständig die Höhe der Ladentheke korrigieren. Ohne Tierversuche keine Zukunft für Zandschow. Mitarbeiter der Vynova Group wollen im kommenden Frühjahr nach den Ratten sehen. Das DjuDju Banane schmeckt wie Maternus Gold ohne Banane. Das Mongozo Palmnut könnte man mit einem Perlenbacher Pilsner verwechseln. Und das Windhoek Lager neigt zur bitteren Frische eines Grafenwalder Strong. Wolf verkauft neben den Getränken auch noch Waren des täglichen Bedarfs. Wer sich bei ihm mit Bier versorgt, darf für eine halbe Stunde nach Sansibar. Die Cimarrones, die nicht mehr hinter dem Verkaufstresen stehen, sind jetzt für die Flurbereinigung an der Küste zuständig.

CLAASEN BORGT SICH DAS HALO-FISCHGLAS BEI WOLF aus, ein Sturm hat Bahnstrecken und Wälder außerhalb des Aquariums verwüstet, aber in umgekehrter Reihenfolge. Entwurzelte Bäume und landwirtschaftliche Nutztafeln auf den Gleisen. Claasen beschriftet Papierchen, faltet sie sorgfältig, vertieft mit Büroklammern ihre Schmuckhaltigkeit und legt sie auf den Boden der Lostrommel. Drei Volltreffer, der Rest Nieten. Ist eine Bahnstrecke wieder zugänglich, soll zuerst ein Zug ohne Fahrgäste durch, bevor sie wieder für den Verkehr mit Passagieren freigegeben werden kann.

Claasen hat die Strecke, die es betrifft, herausgefunden. Er hat recherchiert, von wo aus die Fahrt beginnt, und die drei Glücklichen nachts in seinem Auto zu diesem Bahnhof gefahren. Seine Verbindungen in die Stadt sind bekannt. Er ist mit vielen Beamten und Reinigungskräften befreundet. Wolf selbst, eine Ratte und ein Mann in feindlicher Uniform verbringen ihren Kurzurlaub in einem Zug zwischen Oldenburg und Sande. Das fehlende Bordrestaurant hat fast mehr von der Landschaft als sie. Die Ratte kapiert nicht, warum sie mit ihrem Kellnerauftritt zwischen den Abteilen bei Wolf nicht punkten kann. Der Soldat steht am geöffneten Wagenfenster und kann nicht aus seiner Haut. Er begreift den Flusslauf nicht mehr, der gleich neben den Gleisen liegend zum Stehen kommt. Gedrosselte Geschwindigkeit. Streckenaufenthalte in Zeitlupe. Sägespurverwehungen. In Rastede muss etwas auf den Gleisen gelegen haben.

NACHTSCHWESTER INES HAT IM HOSPITAL NAVAL MIT Unfallopfern zu tun, die in der Calle del Torno von einem Reh im Taxi über den Haufen gefahren wurden. Knochenbrüche, bis in die Hauseingänge geschleppte Wälderreste, Feuchtigkeitsgezucke im Lift. Die Rolle der Rehe ist seit Jahren die begehrteste in Cartagena. Voller Verachtung sinnen sie auf Rache, haben noch keine Punkte in Flensburg, eine zweijährige Praxis beim Überqueren von Verkehrsinseln und eine gute Orientierung bei schlechter Witterung.

DIE NÄCHTE VERBRINGT CLAASEN MIT DEN ARBEITERN an der Küste. Wer sich bei Wolf mit Bier versorgt, darf für eine halbe Stunde nach Sansibar und hat einen freien Internetzugang. Wolf hat alles, um aus Zandschow herauszukommen. Um aus Zandschow herauszukommen, bleibt er in Zandschow. Äffchen auf Treibematten in der Lagune.

Und anstelle eines Sonnenuntergangs ein paar Palmen und Flamingos in einem der vielen unverkennbaren Salzseen dieses Kontinents. Ob mich die Affen durch den Urwald rollen. Ob meine Stimme im Ernstfall nachbearbeitet wird. Ob es Wörter gibt, die keine Alternative haben. Ob wir beide wissen, dass mit Sentimentalitäten keine Liebe wieder in Ordnung zu bringen ist. Ob mein neues Leben mein altes Dasein nur überrumpelt hat. Ob Silje schon schläft. Ob der Weltkrieg im Erdgeschoss vorbei ist. Ob Weißäuglein wieder umkippt. Ob sich das Leben hier lohnt. Aber alles in umgekehrter Reihenfolge. Aber auch, ob Silje schon schläft.

EIN REST VON ÜBERLANDWÄRME AUF DER TASTATUR. DIE Arbeitersiedlung von ChemCoast ist nahezu unbewohnt. Erst die Industrie, dann die Unterbringung für die Werktätigen, aber in umgekehrter Reihenfolge. Claasen ist nur selten zum Schlafen dort. Seine Tür verriegelt er dann von innen mit einem Balken. Spartanische Einrichtung. Matratze. Tisch. Stuhl. Wandschränkchen. Stehlampe. Hometrainer. Das Halsband am Fensterknauf. Die Nächte verbringt er lieber mit den Einwohnern an der Küste.

DU WARST ZULETZT UM DREI UHR VIERZEHN ONLINE, ZU einer Zeit, in der selbst Schiffe knien, die Straßenzüge geben sich den Anschein, Container in die Walachei zu ziehen, Container sind in Wahrheit Halbwahrheiten, wir lassen Lose zu und nehmen Drinks, erraten seelische Befindlichkeiten anhand von einer Reihe Youtube-Links, Kontakt zwischen Gelenken geht verloren, beim Werfen eines Steins an ein Metall der Siedlung, die sich dadurch leicht verschiebt, du bist noch wach und dazu auserkoren, zu unterscheiden zwischen Dorf und All, ich bleib am Bildschirm, bis mich jemand liebt.

II

Cartagena, Rehtagebuch

LA ESTRELLA, ERSTER JULI. MIT DEM TAXI NACH GALERAzamba gefahren. Habe mir ein Zimmer im Hostel genommen. Es sind nur ein paar Schritte bis zum Meer. Bett mit Moskitonetz. Jackenhänger. Wenn ich im Bad stehe, kann ich mein Auto sehen. Musste an meine Mutter und an mein Schwesterchen denken. Das Leben auf den Autobahninseln. Zandschow und Höverlake. Dusslig rumstehen und Durst haben. Ich hatte alles so restlos satt. Die militante Unentbehrlichkeit der Angehörigen im Betreuungsfall. Die Verschwendungssucht der Selbstgerechtigkeit. Die moralische Angriffslust der Empörung. Im glücklichsten Fall hast du Eltern und Geschwister, die du liebst. Im unglücklichsten Fall hast du Eltern und Geschwister, kurz vor deinem Tod, die dir egal sind. Mein Taxi ist weiß. Der Starttarif liegt bei fünftausend Pesos. Man muss ja sehen, wo man bleibt. Ich fahre für einen privaten Anbieter. Er hat seine vier Fahrzeuge umspritzen lassen. Gelb und weiß. Mein Taxi ist weiß. Ich glaube, ich mache das jetzt jedes Wochenende. Die Deutsche nervt. Mein Vater weiß nicht, dass heute Spanien spielt.

NACHRICHT VON MEINEM SCHWESTERCHEN, ICH WEISS, dass es Zeiten gab, in denen du auch eine Hilfe warst. An diese Zeiten kann ich mich nicht erinnern. Ich fahre jetzt Taxi. Wäre ich ein Tiger oder ein Wolf, gäbe es euch alle schon lange nicht mehr. Mein Starttarif beläuft sich auf siebentausend Pesos. Wer damit Probleme hat, soll wieder aussteigen oder wird zur Entsorgung in die Walachei gefahren. Man muss ja sehen, wo man bleibt. Wird ein Officer von einem Touristen gebeten, ein Taxi zu rufen, und ich bin gerade in der Nähe, stelle ich meinen Taxameter auf zweitausendfünfhundert Pesos zurück. Dann kann ich mir sämtliche Umwege sparen, da Adresse, Kennzeichen und Sitzpolsterungsfarbe bekannt sind. Einmal zum Supermarkt und zurück. Einmal ist es meiner Mutter zu Lebzeiten passiert, dass sie vom Hamburger Flughafen über Duvenstedt und Bargteheide an die Binnenalster gefahren wurde. Solche Taxifahrer sollte man auf der Stelle rein kolumbianisch aus dem Verkehr ziehen. Allerdings hatte sie mir verschwiegen, dass der Fahrer sie so schön fand und mit ihr den längsten Nachmittag ihres Lebens bei seinen Eltern in Kaltenkirchen verbrachte. Aber in umgekehrter Reihenfolge. Über Kisdorf-Feld und die A7 nur fünfundvierzig Minuten. Mein Vater war außer sich, als er zu Hause am Telefon hörte, wie sehr sie bei dieser Fahrt betrogen worden war. Mein Taxi ist weiß. Der Starttarif liegt bei neuntausend Pesos. Ich glaube, ich mache das jetzt jedes Wochenende.

HEUTE HATTE ICH DAS GEFÜHL, MIT EINER LUFTDRUCKpistole das Mittelmeer beenden zu können. An seiner flachsten Stelle. Es könnte Tausende von Jahren dauern. Riesige Felder. Aber an den schlammigen Ufern keine Andenkenbuden mehr. Keine Regale mit Silberschmuck und Flugdrachenschnüren. Nie mehr. Nur Wasserkanister und Schlangenschutzmittel. Zum Einreiben oder zum Sprühen. Zum Implantieren. Highways nach Nordafrika rüber. Sechsspurig. Neunspurig. Mein Taxi ist weiß. Der Starttarif beläuft sich auf elftausend Pesos. Ich bin anständig genug, um zu wissen, wo die Grenzen sind. Es regnet, Schwesterchen, schick jetzt keine SMS. Wenn ich Mitglied der Regierung wäre, würde ich mich darum bemühen, den europäischen Aufsichtsmechanismus zu verbessern. Man muss ja sehen, wo man bleibt. Ich weiß, dass ich mich weigern werde, dich diese Zeilen lesen zu lassen, Mami. Wenn dich mein Schwesterchen anruft, sag ihr, dass ich sie nicht mehr beschützen kann. Wenn du das vergisst, ist es auch nicht so tragisch. Beschützen hin oder her. Aber in umgekehrter Reihenfolge.

MEIN SCHWESTERCHEN SCHRIEB MIR, DASS IN TSETSE-fliegen relativ wenig Zebra- oder Pinguinblut zu finden ist. Sie bevorzugen eintönige Oberflächen. Für Vater ist sie immer das Reh gewesen. Mein Taxi ist weiß. Keine Ahnung, wie lange ich diesen Showdown hier noch überlebe. Geographisch sollte bald alles möglich sein. Kaltenkirchen, Afrika, Galerazamba. In Cartagena werden die Zebrastreifen auf der Avenida Pedro De Heredia nie von streunenden Raubtieren oder von den Fliegen auf überfahrenen Kadavern angegriffen.

MERCADO BAZURTO, ELFTER JULI. PAPAGEIENFISCHE UND rote Schnapper. An einem der Stände kaufte ich mir für zwanzigtausend Pesos ein Nationalmannschaftstrikot von Valderrama mit der Rückennummer zehn. Ich legte mich in diesem Trikot, nach einem Tritt des Fischhändlers, minutenlang mit schmerzverzerrtem Gesicht vor die Bottiche des Blumenverkäufers. Dort versprach ich mir eher Zuspruch als vor den Tischen mit Nippes und Elektrogeräten. Ein paar Araber trugen mich in einen Teppich gerollt vom Spielfeld. Es war ein Wunder, dass ich diesen Tritt ohne zukünftige Leiden überhaupt überleben konnte. Mein Taxi ist weiß. Der Starttarif liegt bei dreizehntausend Pesos. Man muss ja sehen, wo man bleibt. Von meiner Mutter habe ich das Übertreiben gelernt, das Übertreiben aller erdenklichen Dinge. Wenn ich sie fragte, Mami, was denkst du, wie teuer diese Baumrinde hier ist, wenn gerade keine Baumrinde zur

Hand war, sagte sie, ohne zu zögern: eine Millionen Mark. Mein Taxi ist weiß. Der Starttarif beläuft sich auf fünfundzwanzigtausend Pesos. Ich glaube, ich mache das jetzt jedes Wochenende.

ALS ICH MIT MEINEM SCHWESTERCHEN NOCH IM WALD lebte, wäre ich nie auf die Idee gekommen, mal für ein Jahr nach Kolumbien zu gehen, Spanisch zu lernen und dort meinen Taxischein zu machen. Im Falle des Ablebens unserer Eltern möchte ich mir von meinem Schwesterchen für die Dauer meines Aufenthaltes in Cartagena einen Trauerplan erstellen lassen. Montags von zwölf Uhr fünfzehn bis vierzehn Uhr an Fruchtsäfte, Tablettenrationen und an die Geschenke für die Pfleger denken. Wenigstens daran denken. Mit dem Taxi heute nach Galerazamba gefahren. Mein Taxi ist weiß. Dienstags nach dem Aufstehen eine Nummer anrufen, die es nicht gibt, und sich dann in einem für alle Seiten verlässlichen Zwei-Stunden-Takt im Augustenstift und im Haus Lankow nach dem Wohlergehen der Eltern erkundigen. Ich habe vorher noch nie einen Papageienfisch gesehen. Mittwochs von siebzehn Uhr fünfzehn bis neunzehn Uhr zwanzig das Abendbrot so zu uns nehmen, als wären unsere Hände die Hände der Pfleger, die uns das Essen und das Trinken reichen. Das Brot mit Streichkäse auch mal abwehren. Die Lippen vor dem Reiterchen zusammenpressen. Mit dem Kopf schütteln. Hoffentlich bekomme ich in Kolumbien keine Zahnschmerzen. Donnerstag kurz vor dem Mittagessen sich auf das Mittagessen freuen. Mehr gibt es tagsüber nicht, worauf man sich sonst freuen könnte. In diesen Sälen können wir immerhin etwas zu uns nehmen und gemeinsam stundenlang Dinge erleben. Es wäre von Vorteil, das Umfeld für das Kreativpersonal zu optimieren. Die Deutsche soll sich nicht so haben. Knochenbrüche von

Wälderresten. Ich bitte dich, freitags vor der Bettruhe so zu tun, als hätten wir Windeln um und könnten uns an früher erinnern. Meine Mutter genoss das Leben in all seiner Wildnis und Vergeblichkeit. Als mein Vater fünf Jahre später in mein Bett sah, lag mein Schwesterchen drin und war noch kein Reh. Ich hatte nie etwas übrig für seine tolerante Gnade. Ich war das Mitbringsel meiner Mutter. Mein Taxi ist weiß. Der Starttarif liegt bei vierzigtausend Pesos. Man muss ja sehen, wo man bleibt. An den Wochenenden, an den Samstagen, an den Sonntagen, an allen Wochenenden von morgens bis abends an mein Schwesterchen denken, wie sie im Zug unterwegs ist, die Taschen voll mit Getränken, Arzneimittelvorschlägen, Äpfeln, Bananen, Haselnussschnaps, Paprika, Erdnüssen, Prinzenrollen, Reinigungstüchern, Haartuchtrocknern, Bettwäsche, Versicherungsbriefen und Personalüberprüfungsanalysen. Wenn ich nur wüsste, wo diese Heime liegen. Wenn ich doch nur eine Ahnung hätte, wie sich das Betreuen vom Besuchen unterscheidet. Vom Bahnhof nimmt sie das Taxi, geht zu Fuß oder fährt mit der Bahn. Alles an den Wochenenden. An ihren Wochenenden. Als hätte sie nichts anderes zu tun, als mir in ihrer wahnhaften Besessenheit mein Versagen aufzuzeigen. Während ich Spanisch lerne. Während ich an meinen Taxischein glaube. Während ich an den Wochenenden, vor allem an meinen Wochenenden, nach Galerazamba fahre, auf dem Mercado Bazurto im gelben Trikot von Carlos Valderrama die Papageienfische zähle, nach Kochrezepten für den roten Schnapper frage und mir ziemlich sicher bin, dass ich das jetzt jedes Wochenende mache.

HÄTTE ICH DOCH NUR VON DER ERSTEN QUELLE GEKOSTET, dann würde ich jetzt an den Wochenenden, an den Samstagen, an den Sonntagen, an allen Wochenenden, von morgens bis abends nicht mehr an mein Schwesterchen denken, wie sie im Zug unterwegs ist, die Taschen voll mit Getränken, Arzneimittelvorschlägen, Äpfeln, Bananen, Haselnussschnaps, Paprika, Erdnüssen, Prinzenrollen, Reinigungstüchern, Haartuchtrocknern, Bettwäsche, Versicherungsbriefen und Personalüberprüfungsanalysen. Wenn ich nur wüsste, wo sich diese Heime befinden. Wenn ich doch nur eine Ahnung hätte, wie sich das Betreuen vom Besuchen unterscheidet. Vom Bahnhof nehme ich ein Taxi, gehe zu Fuß oder fahre mit der Bahn, die aber gar nicht bis zum Haus Lankow fährt. Alles an den Wochenenden. An meinen Wochenenden. Als hätte ich nichts anderes zu tun, als ihr in meiner wahnhaften Besessenheit ihr Versagen aufzuzeigen. Während sie sich über einen Briefumschlag mit Salmiakpastillen freut. Während sie darüber lachen kann, wie schön es ist, auch mal tot und entspannt sein zu dürfen. Während sie mit Novaminsulfon- und Panoprazolverpackungen kleine Flugdrachen baut. Während sie an den Wochenenden, an all ihren Wochenenden, an denen sie nicht arbeiten muss, endlich mal nicht den geringsten Gedanken daran verschwendet, ob sich Bluthochdrucktabletten und Ibuprofen vertragen und mögliche Unverträglichkeiten vorab mit dem Hausarzt, dem Urologen, dem Neurologen und dem Taxifahrer bezüglich der Bedarfstabletten abgeklärt wurden. Sie glaubt, sie macht das jetzt jedes Wochenende. Das goldene Strumpfband ist der blanke Hohn. Bei einem Tiger oder einem Wolf mit einem blinkenden Binsenbändchen um den Hals zucken nicht mal die Zebrastreifen auf der Avenida Pedro De Heredia.

MEINE GUTE ORIENTIERUNG BEI SCHLECHTER WITTERUNG hat in Cartagena deutlich nachgelassen. Mein Taxi ist weiß. Der Starttarif beläuft sich auf fünfundvierzigtausend

Pesos. Man muss ja sehen, wo man bleibt. Ich fahre für einen privaten Anbieter. Er hat seine vier Fahrzeuge umspritzen lassen. Ich kann mich an einen Wandertag in der dritten Klasse erinnern. Wir besuchten ein paar Kleintiertunnel in der näheren Umgebung von Höverlake. Die Mutigsten von uns krochen etwa zwei Meter in diese Röhren und sahen Kröten, Spinnen und Schlangen bei ihrer Wanderung unter der Autobahn zu. Unsere Lehrerin erzählte uns von einer Wildbrücke an der A7, die mindestens achtzig Meter breit und an den Seitenrändern mit Hecken und Büschen bepflanzt gewesen sei. Sie lachte bei dem Wort Seitenaufprallschutz. Bis heute ist es nicht erwiesen, wie sich ein Reh verhält, das durch die Hecken und Büsche stark aufschwellende und abflauende Geräusche wahrnimmt, die von schnelleren, stabileren, unheilbringenden Tieren stammen könnten, die sogar dazu in der Lage wären, am Schmelzpunkt ihrer Geschwindigkeit dumpf und mit einem kollektiven Geweih durch den Boden der Brücke zu stoßen. Die Gitterroste quer zur Laufrichtung wiesen bei klarem Verstand auf eine solche Möglichkeit hin. Auf dieser Überquerungsebene wurden die Tierwanderungen mit Infrarotschranken gemessen. Erfasst wurden nur Tiere ab der Größe eines Menschen. Kriechende Jungvögel, Schnecken und Frösche hatten am Anfang des Geländes auf Geheiß seltener Hirscharten ihren Rückweg anzutreten. Die Sensationslust, einen schwindelerregenden Strom aus widerspenstigen Fortbewegungsmetallen mit zum Teil aufgepflanzten, riesigen Insektenkonstruktionen zu überqueren, blieb den Erwachsenen an der Reling aus Büschen und Hecken vorbehalten. Aber in umgekehrter Reihenfolge.

LA ESTRELLA, ERSTER JULI. MIT DEM TAXI NACH GALERAzamba gefahren.

Für die Spanischprüfung gelernt. Ines würfelte im Unterricht eine Zahl und legte, kurz bevor der Würfel aus der zuerst waagerecht hin und her rotierenden, dann schräg gehaltenen Handfläche bei seinem vorerst letztmaligen Abrollen auf die Tischplatte übergehenden, schutzlos vollzogenem Kontinentalwechsel in seine scheinbar endgültige Neymar-Position zurückfand, beim vorerst letztmaligen Abrollen, auf den Möbelrand zu, ihre Hand auf die Punkte. Die Augen auf dem Linoleum der Sprachschule würden nicht zählen. Ich sollte dann drei oder fünf auf Spanisch sagen, dabei fühlte ich mich für diesen Kinderkram schon viel zu alt. Die Freude von Ines, noch einmal würfeln zu dürfen, machte mich aggressiv. Beim nächsten Versuch hielt ich meine Pfote an den Tischrand. Der Würfel, wieder mit zu deutlichem Schwung in Bewegung gesetzt, geriet schräg ins abgeknickte Vordergelenk, zwischen die aufgespannten Muskeln, gerade noch so am Verlassen der Ebene gehindert. Schräg und rücksichtslos uneindeutig. Bevor Ines wieder zu lachen anfing, sagte ich zweimal hintereinander fuego, fuego. Sie musste das Wort nachschlagen. Sie gab die Augenzahl auf dem Linoleum frei, und ich sagte auf Spanisch drei oder fünf. Ich sagte Brand. Ich sagte Brand und Wiederholung. Der Tisch ging in Flammen auf. Der Würfel fing Feuer. Die Drei stand unter Schock. Neymar würde wohl weiterspielen, aber noch rollte er. Die Fünf fühlte sich unverstanden. Ines fragte den Lehrer auf Deutsch, warum wir spielen und nicht sprechen würden. Ich sagte drei. Ich sagte fünf. Ich sagte Brand. Ich wiederholte mich andauernd.

DAS AUSUFERN UNSERER SPRACHKENNTNISSE VERLÄUFT in der fortschrittlichen Geschwindigkeit sich gegenseitig überholender LKWs auf einer Autobahn. Mein Taxi ist weiß. Der Starttarif beträgt fünfzigtausend Pesos. Man muss ja sehen, wo man bleibt. Für einen brennenden Tisch würde ich nicht anhalten. Aber ich wäre auch nicht dazu bereit, monatelang hinter zwei sich ständig gegenseitig überholenden LKWs hinterherzufahren, ohne dabei den Mittelstreifen für eine hassenswerte Einöde zu halten.

MEIN TAXI IST WEISS. DER STARTTARIF LIEGT BEI HUNDERTTAUSEND Pesos. Man muss ja sehen, wo man bleibt. Mercado Bazurto. Vierter August. Es ist so heiß hier, dass ich heute meine erste Millionärstour fahren musste. Der Spanischkurs mit Ines. Mein Heimweh. Die lethargische Zähigkeit meines Taxameters. Die ständigen Zeitungsberichte über die Kriminalität der Besserverdienenden. Ich fahre für einen privaten Anbieter. Er hat seine vier Fahrzeuge umspritzen lassen und soll in dubiose Geschäfte verwickelt sein. So wurde es jedenfalls von der Konkurrenz verbreitet. Er hatte nie zuvor ein Reh als Fahrer und versprach sich davon eine Belebung seines Geschäftes. Meine Geschichte erschien in mehreren regionalen Zeitungen. Aber mir war das alles nicht genug. Ich suchte das vertrauliche Gespräch mit meinem Chef und schlug ihm vor, an den Wochenenden ein paar Millionärstouren einzuschieben. Fifty-fifty. Einem Reh traute man so etwas ohnehin nicht zu. Mein Chef willigte schließlich ein. Du kannst das nur zu zweit durchziehen. Der eine fährt von Bankautomat zu Bankautomat, der andere fuchtelt mit der Knarre vor den Gesichtern der Entführten herum. Ich hielt an der Avenida Pedro De Heredia, ließ ein paar Geschäftsleute einsteigen, mein Chef fragte nach dem Zielort, und sobald die Fahrt losging, zückte er seine Pistole und zwang die ausländischen Gäste, bei der nächsten Geldstation Bares abzuheben. Damit eine Flucht ausgeschlossen war, fuhr ich immer scharf auf die Bürgersteige rauf, sodass die hintere Tür, die entgegengesetzt zur

Straßenseite lag, nicht ganz zu öffnen war und das Türgelenk noch Spielraum hatte, der aber keinem was nützte, da unsere Geschäfte einzig über das heruntergefahrene Fenster abgewickelt wurden. Fuego. Fuego. Auf den ersten vier Plätzen lagen Mexiko, Brasilien, Kolumbien und Venezuela. Die Möglichkeit, sich vorab von Kidnap-&-Ransom-Experten schulen und sensibilisieren zu lassen, passte zu oft nicht ins Budget. Was waren schon zwei, drei Tage in Südamerika, die man nur im Kreise seiner ausländischen Geschäftsfreunde verbrachte, ohne die daheimgebliebenen Ehefrauen zu beunruhigen. Vom Konferenzraum direkt bis zum Hotel. Vom Hotel direkt bis an den Stadtrand von Cartagena. Hunderttausend Pesos waren immerhin fast dreißig Euro. Ich wollte ja nicht mit leeren Händen zu meiner Familie zurückkehren. Man muss ja sehen, wo man bleibt. Habe mir heute ein Zimmer im Hostel genommen. Es sind nur ein paar Schritte bis zum Meer. Bett mit Moskitonetz. Jackenhänger. Ich glaube, ich mache das jetzt jedes Wochenende.

HEUTE HATTE ICH DAS GEFÜHL, MIT EINER SCHARFEN Pistole, die mein Handschuhfach in Schach hielt, die Autobahnströme aus der Ferne dirigieren zu können. Wenn ich sie entsicherte, klappte das Reißverschlussverfahren wie am Schnürchen. Zielte ich in die Luft und berechnete auf meine Art den Niedergang der Munition in Deutschland, bildeten sich Rettungsgassen. Allerdings musste ich dazu aussteigen, denn wenn ich die Waffe an die Windschutzscheibe hielt und in die Luft zielte, waren der gleichbleibende Verkehr zu beiden oder allen Seiten und die mitten ins Herz der Straße einsickernden Hilfsfahrzeuge ohne Signaltöne ein und dasselbe.

HÄTTE ICH DOCH NUR VON DER ZWEITEN QUELLE GEKOSTET, dann würde ich jetzt an den Wochenenden, an den Samstagen, an den Sonntagen, an allen Wochenenden von morgens bis abends nicht mehr an mein Schwesterchen denken. Wenn das unsere Mutter wüsste. Nun leg schon deinen Kopf auf meinen Rücken, Schwesterchen. Die Wildnis der Demenztrakte reicht für uns beide. Lass mich raus. Lass mich rein. In diesen Sälen können wir immerhin etwas zu uns nehmen und gemeinsam stundenlang Dinge erleben. Ich will dein Brüderchen und nicht dein König sein. Das goldene Strumpfband ist der blanke Hohn. Bei einem Tiger oder einem Wolf mit einem blinkenden Binsenbändchen um den Hals zucken nicht mal die Zebrastreifen auf der Avenida Pedro De Heredia.

ICH MUSSTE ÜBER SO VIELES NACHDENKEN, WEIL ICH den ganzen Tag keinen Handyempfang hatte. Mein Taxi ist weiß. Der Starttarif beläuft sich auf zweihunderttausend Pesos. Man muss ja sehen, wo man bleibt. Einmal ist es meiner Mutter zu Lebzeiten passiert, dass sie vom Hamburger Flughafen über Duvenstedt und Bargteheide an die Binnenalster gefahren wurde. Solche Taxifahrer sollte man auf der Stelle rein kolumbianisch aus dem Verkehr ziehen. Allerdings hatte sie mir verschwiegen, dass der Fahrer sie so schön fand und mit ihr den längsten Nachmittag ihres Lebens bei seinen Eltern in Kaltenkirchen verbrachte. Aber in umgekehrter Reihenfolge. Über Kisdorf-Feld und die A7 nur fünfundvierzig Minuten. Mein Vater war außer sich, als er zu Hause am Telefon hörte, wie sehr sie bei dieser Fahrt betrogen worden war. Mein Taxi ist weiß. Der Starttarif liegt bei vierhunderttausend Pesos. Ich glaube, ich mache das jetzt jedes Wochenende.

ICH BITTE DICH, FREITAGS VOR DER BETTRUHE SO ZU TUN, als hätten wir Windeln um und könnten uns an früher erinnern. Meine Mutter genoss das Leben in all seiner Wildnis und Vergeblichkeit. Als mein Vater fünf Jahre später in mein Bett sah, lag mein Schwesterchen drin und war noch kein Reh. Ich hatte nie etwas übrig für seine tolerante Gnade. Aber ich reiße ihm so spät kein Haar mehr raus. Ich weiß nicht, ob ich Blutverdünner nehme. Ich teile euch dann natürlich sofort meine neue Adresse mit. Ich würde gerne schmerzfrei sein und nie mehr jubeln.

NEUNTER NOVEMBER. MIT DEM TAXI NACH GALERAzamba gefahren. Nach dem Tod unserer Eltern hat mir mein Schwesterchen eine Kiste mit den letzten Dingen meines Vaters geschickt. Fünf Gürtel, drei Bettbezüge, zwei Handtücher, ein Radio, das erst mit viel Geduld beim Drehen des Einschaltknopfs in eine unheisere Tonspur findet. Das Radio hatte ich nie bei ihm gesehen. Verschollen geglaubte Briefe, in denen er meiner Mutter mitteilt, dass er nicht an meine Existenz glaubt, wären mir lieber gewesen.

DAS ZERREISSEN ALTER BRIEFE AUS DEM ZWANZIGSTEN Jahrhundert. Neunzehnhundertfünfundsiebzig stand nur noch die Waschmaschine zwischen meinen Eltern. Ich war zehn Jahre alt und konnte nicht begreifen, dass sie sich schlagen wollten. Wir gingen zu dritt ins Wohnzimmer, nahmen auf der Couch Platz, und mein Vater eröffnete mir, dass er nicht wisse, ob ich sein Fleisch sei, sein Blut. Hoffentlich weder das eine noch das andere. Aber ich reiße ihm so spät kein Haar mehr raus. Für solche Forschungswege gibt es Nagelscheren. Zählen auch Wimpern zu den Haaren.

DAS ZERREISSEN ALTER BRIEFE AUS DEM ZWANZIGSTEN Jahrhundert. Mein liebstes Reh, nach deiner Geburt habe ich deine Mutter ein zweites Mal geheiratet. Wir sind jetzt endlich eine richtige Familie. Wenn dein Bruder mag, darf er sich, solange wir mit dir im Badezimmer spielen, in dein Bettchen legen. Den Ellenbogen einmal, zweimal, dreimal in das Wasser eingetaucht. Erwachsene am Ufer. An einem Ufer. Das Glück der Menschen. Keine Höllenfeuer. Fünf Jahre früher kehrte deine Mutter wohlbehalten aus Bad Kleinen zurück. Sie wollte sonst wohin und dort die Schienen ausprobieren. Sie hatte ja noch Großmutter und mich. Mein liebstes Reh, wenn ich sehe, wie du heranwächst, vergesse ich alles um mich herum. Deine Mutter. Deinen Bruder. Das Interesse der Vorstadtbahnhöfe an ewiger Wiederkehr. Deine Mutter hat sich für deinen Bruder entschieden und ich mich für dich. Bedeutet dir das denn gar nichts. Mein liebstes Reh, als ich so auf dem Sterbebett dahindämmerte, unter Morphium und anderen Medikamenten, sah ich den kleinen Jungen aus deinem Gitterbett, wie er auch ganz am Ende niemals Sohn oder Erfinder sein konnte. Er packte schon die ersten Bücher, Bilder, Haarwaschmittel ein. Er konnte nicht mal ahnen, dass ich durch meine fast geschlossenen Lider einen Erwachsenen am Ufer sah. Jetzt kommt er, kommt er, hält die Hand an meinen Kopf, er wird mich streicheln, anerkennen, lieben. Das Streicheln war so dünn am Rand, als hätte er es gleich wieder zurückgenommen. Mein liebstes Reh, was macht mein Kind, die Frau, das Glück, mein Töchterchen. Wir sind jetzt endlich eine richtige Familie.

ICH DENKE, MAN SIEHT ES MIR AN, DASS ICH VON ALLEN drei Quellen gekostet habe. Ich wurde in den Wald geführt, wo mich die wilden Tiere zerreißen sollten. Die Bestien hielten Abstand. Ich ließ die Bestien auch von allen Quellen kosten. Bei einem Tiger oder einem Wolf mit einem blinkenden Binsenbändchen um den Hals zucken nicht mal die Zebrastreifen auf der Avenida Pedro De Heredia. Wir sind jetzt endlich eine richtige Familie, geliebtes Schwesterchen, mit Durst und Haus und Zugehörigkeit. Ich erwarte nicht, dass du mir einen Gin holst, es sei denn, du holst dir selber einen. Die Wildnis der Demenztrakte reicht für uns beide. Lass mich raus. Lass mich rein. In diesen Sälen können wir immerhin etwas zu uns nehmen und gemeinsam stundenlang Dinge erleben. Ich will dein Brüderchen und nicht dein König sein.

MEIN TAXI IST WEISS. DER STARTTARIF BETRÄGT EINE Million Pesos. Man muss ja sehen, wo man bleibt. Nur Gleichsetzungsansprüche gestatten es uns, wenigstens einen Augenblick lang, die eigene, armselige Liga zu verlassen. Neunter oder achter November, neunter. Ich bin heute nach Galerazamba gefahren. Habe mir ein Zimmer im Hostel genommen. Es sind nur ein paar Schritte bis zum Meer. Bett mit Moskitonetz. Jackenhänger. Wenn ich im Bad stehe, kann ich mein Auto sehen. Ich glaube, ich mache das jetzt jedes Wochenende.

HEUTE HATTE ICH DAS GEFÜHL, MIT JAPANISCHEM HEILöl etwas für meine Konzentration in der Fremde tun zu können. Ich rieb den Rücken meiner Hängematte damit ein, mein Strohdach und das Zelt, aber das Zelt nur an den Schienenbeinen der Heringe. Kaum Menschen am Ufer. Ab und zu kommt bei mir die Sehnsucht auf, von einem Auto in der Heimat erfasst zu werden. Aber ich traue diesem Heimweh nicht.

MEIN TAXI IST WEISS. ICH HABE IN DIESER WILDNIS EIN neues Leben begonnen. Die ständigen Gerüchte über die Departamentos del Chocó und de Norte de Santander, die meilenweit von meiner Stadt entfernt sind, konnten mich letztlich nicht abschrecken. Innerhalb der Mauern Cartagenas patrouillieren täglich zweitausend Polizisten. Die weniger frequentierten Gegenden wie Getsemani und La Matuna lässt du in den Nächten besser links liegen. Ich wohne mit Vorliebe in Gegenden, in denen im Notfall jede Hilfe für mich zu spät käme.

MEIN STARTTARIF BETRÄGT FÜNF ODER SIEBEN MILLIONEN Pesos. Man muss ja sehen, wo man bleibt. Als ich mit meinem Schwesterchen noch im Wald lebte, wäre ich nie auf die Idee gekommen, mal für ein Jahr nach Kolumbien zu gehen, Spanisch zu lernen und dort meinen Taxischein zu machen. Im Falle des Ablebens unserer Eltern wollte ich mir von meinem Schwesterchen für die Dauer meines Aufenthaltes in Cartagena einen Trauerplan erstellen lassen. Montags von zwölf Uhr fünfzehn bis vierzehn Uhr an Fruchtsäfte, Tablettenrationen und an die Geschenke für die Pfleger denken. Wenigstens daran denken. Sollte mir in der Küstenstadt etwas zustoßen, gehören zu den Serviceleistungen der DKV die Vermittlung eines medizinischen Dolmetschers und die Organisation einer Besuchsreise durch Angehörige. Ob mein Schwesterchen im Ernstfall kommen würde. Das Binsenbändchen passt schon lange nicht mehr um meinen Hals. Ich hätte nie von allen Quellen kosten dürfen. Fuhr ich in einem der kolumbianischen Warenhäuser die Rolltreppe hoch und sah mich dabei in einem der Säulenspiegel, nahm ich eine Kreatur wahr, die auf der Straße keinerlei Gefahr lief, wegen ihres Eigenbedarfs an Hässlichkeit erschossen zu werden. Statistiken besagen, dass nur etwa sieben Prozent schöner Menschen auf den Straßen Opfer einer Körperverletzung oder eines Gewaltverbrechens werden. In Regionen, in denen nur wenige schöne Menschen anzutreffen sind, sinkt diese Zahl noch. Du musst eben gut überlegen, an welche nächtliche Kreuzung du dein Übergewicht wuchtest, um auf ein Taxi zu hoffen. Sehr schöne Menschen sind nachts oft zu zweit unterwegs.

DAS ZERREISSEN ALTER BRIEFE AUS DEM ZWANZIGSTEN Jahrhundert. Auf diesem Bild hier bin ich fünf Jahre alt. Der Schatten über meinem Gesicht gibt sich die unbändigste Mühe, frei zu sein von Zauber. Zwanzig Jahre später sind meine Mama und ich zusammen auf dem Leipziger Weihnachtsmarkt. An einem Stand mit Schnitzprodukten aus dem Erzgebirge nimmt sie einen gewundenen, etwa fünf bis sieben Zentimeter langen Schlüsselanhänger, einen Handschmeichler, zwischen Finger und Daumen. Sie bewegt sich damit auf mich zu, aber natürlich nur, um mir diesen Schatz zu zeigen, etliche Meter vom Stand entfernt. Wir fliehen durch die Menge. Scharfschützen auf allen Dächern der Umgebung. Phantombilder an Litfaßsäulen. Sachdienliche Hinweise der Bevölkerung. Zeugenaussagen von Touristen. Auswertbares Überwachungsmaterial vom Weihnachtsmarktbetreiber. Mit meiner Hilfe ist meine Mama über viele Jahre die meistgesuchte Frau Deutschlands, amerikanische Außenministerin, eine hochdekorierte Mathematikerin und die ständige Geliebte von Richard Gere. Mit meiner Hilfe kostet eine Briefmarke in ihren Augen über eine Million. Wenn ich sie nicht einmal beim Telefonieren zum Lachen bringe, verliere ich meine Zulassung als Geschwistertier. Mein über alles geliebter Sohn, es gibt ein Geheimnis, das ich mit ins Grab nehmen muss. Meine über alles geliebte Mutter, deiner unbändigen Liebe mir gegenüber habe ich es zu verdanken, dass aus mir ein Mensch geworden ist, der längst mit all deinen Geheimnissen vertraut ist und sie bis zuletzt für sich behält. Wenn du zu Besuch warst und wir uns betranken, wählte ich für dich die Nummern deiner verheirateten Liebhaber. Warum wolltest du, dass ich die Stimmen der Frauen hörte und nicht du. Deine Sehnsucht nach ruhigen Männern mit blauen Augen und einer hohen Intelligenz überraschte mich nie. So etwas war zwischen Zandschow und Höverlake, auf Verkehrsinseln, in Wäldern und auf Parkplätzen nie für dich zu finden. Scheiß auf all die Quellen. Du hast aus mir mit deiner ungezügelten Liebe ein außerordentliches Reh gemacht. Aber zwei dieser Rehe verträgt eine Familie nicht. Ich hatte das Gefühl, mit dir allein aufzuwachsen. Kein Vater, der meine Zeugnisse oder Inlandseinsätze an der Küste kontrollierte. Ich konnte in größter Liebe Idiot sein und meine Zimmerwelt dekonstruieren. Bis ich sechzehn war, habe ich mit Indianern gespielt, in den Gebirgen umgekippter Sessel, in den getrockneten Flussläufen von Blechautobahnen und Teppichrandverwerfungen. Mit siebzehn war ich das erste Reh in Norddeutschland, das Gedichte schreiben wollte. Du, meine liebste Mutter, warst immer die Erste, die sie am Telefon zu hören bekam. Nur ein einziges Mal wurdest du still und batest mich darum, eine Stelle zu korrigieren.

VIELLEICHT, VATER, ABER BESTIMMT NUR, WENN ICH VOR dir sterbe, würdest du begreifen, dass du mit deiner sturen Überlegenheit mir gegenüber unrecht gehabt hast. Vergiss deine Gärten und Wälder. Vergiss meinen schmerzhaften gedanklichen Reichtum. Vergiss einfach alles von mir. Mein Taxi ist weiß. Der Starttarif beträgt zehn Millionen Pesos. Ich fahre für einen privaten Anbieter. Er hat seine vier Fahrzeuge umspritzen lassen und soll in dubiose Geschäfte verwickelt sein. So wurde es jedenfalls von der Konkurrenz verbreitet. Er hatte nie zuvor ein Reh als Fahrer und versprach sich davon eine Belebung seines Geschäftes. Meine Geschichte erschien in mehreren regionalen Zeitungen. Aber mir war das alles nicht genug. Ich suchte das vertrauliche Gespräch mit meinem Chef und schlug ihm vor, an den Wochenenden ein paar Millionärstouren einzuschieben. Fifty-fifty. Einem Reh traute man so etwas ohnehin nicht zu. Mein Chef willigte schließlich ein. Du kannst das nur zu zweit durchziehen. Der eine fährt von Bankautomat zu Bankautomat, der andere fuchtelt mit der Knarre vor den Gesichtern der Entführten herum. Ich hielt an der Avenida Pedro De Heredia, ließ ein paar Geschäftsleute einsteigen, mein Chef fragte nach dem Zielort, und sobald die Fahrt losging, zückte er seine Pistole und zwang die ausländischen Gäste, bei der nächsten Geldstation Bares abzuheben. Damit eine Flucht ausgeschlossen war, fuhr ich immer scharf auf die Bürgersteige rauf, sodass die hintere Tür, die entgegengesetzt zur Straßenseite lag, nicht ganz zu öffnen war und das Türgelenk noch Spielraum hatte, der aber keinem was nützte, da unsere Geschäfte einzig über das heruntergefahrene Fenster abgewickelt wurden. Die Möglichkeit, sich vorab von Kidnap-&-Ransom-Experten schulen und sensibilisieren zu lassen, passte zu oft nicht ins Budget. Was waren schon zwei, drei Tage in Südamerika, die man nur im Kreise seiner ausländischen Geschäftsfreunde verbrachte, ohne die daheimgebliebenen Ehefrauen zu beunruhigen. Vom Konferenzraum direkt bis zum Hotel. Vom Hotel direkt bis an den Stadtrand von Cartagena. Hunderttausend Pesos waren immerhin fast dreißig Euro. Ich wollte ja nicht mit leeren Händen zu meiner Familie zurückkehren. Man muss ja sehen, wo man bleibt. Es sind nur ein paar Schritte bis zum Meer. Bett mit Moskitonetz. Jackenhänger. Wenn ich im Bad stehe, kann ich mein Auto sehen. Ich glaube, ich mache das jetzt jedes Wochenende.

ALS ICH MIT MEINEM SCHWESTERCHEN NOCH IM WALD lebte, wäre ich nie auf die Idee gekommen, mal für ein Jahr nach Kolumbien zu gehen, Spanisch zu lernen und dort meinen Taxischein zu machen. Im Falle des Ablebens unserer Eltern wollte ich mir von meinem Schwesterchen für die Dauer meines Aufenthaltes in Cartagena einen Trauerplan erstellen lassen. Montags von zwölf Uhr fünfzehn bis vierzehn Uhr an Fruchtsäfte, Tablettenrationen und an die Geschenke für die Pfleger denken. Dienstags nach dem Aufstehen eine Nummer anrufen, die es nicht gibt, und sich dann in einem für alle Seiten verlässlichen Zwei-Stunden-Takt im Augustenstift und im Haus Lankow nach dem Wohlergehen aller Menschen erkundigen. Mittwochs von siebzehn Uhr fünfzehn bis neunzehn Uhr zwanzig das Abendbrot so zu uns nehmen, als wären unsere Hände die Hände der Pfleger, die uns das Essen und das Trinken reichen. Das Brot mit Streichkäse auch mal abwehren. Die Lippen vor dem Reiterchen zusammenpressen. Mit dem Kopf schütteln. Sich donnerstags kurz vor dem Mittagessen auf das Mittagessen freuen. Mehr gibt es tagsüber nicht, worauf man sich sonst freuen könnte. In diesen Sälen können wir immerhin etwas zu uns nehmen und gemeinsam stundenlang Dinge erleben. Freitags vor der Bettruhe würde ich dich bitten, so zu tun, als hätten wir Windeln um und könnten uns an früher erinnern. Ich hatte immer das Gefühl, mit mir allein aufzuwachsen. Kein Vater, der meine Zeugnisse oder Inlandseinsätze an der Küste kontrollierte. Ich glaube, ich mache das jetzt jedes Wochenende.

III

Levenhaug, Stütze

BENGT CLAASEN HIELT DIE STELLENANGEBOTE IN SEINER Region für beleidigende Vergeltungsmaßnahmen gegenüber den poetischen Bemühungen seiner dünnhäutigen, aber leidlich unakademischen Biographie. Wenn er das schon hörte und las. Sie bringen mit. Hierüber sollten sie verfügen. Zu den konzeptionellen, strategischen und organisatorischen Tätigkeiten als Leiter der Abteilung »Kommunikationsdesign und Medienvisualisierung« gehören insbesondere folgende Bereiche: Verantwortliche Kuratierung, Konzeptionierung, Durchführung und Nachbereitung unterschiedlichster Veranstaltungs- und Programmangebote für Menschen aller Altersgruppen und jeglicher Hautfarbe. Sie beobachten gesellschaftliche, kulturelle, mediale, digitale und technologische Entwicklungen und entwickeln darauf basierend ein zukunftsweisendes, konzeptionell durchdachtes Angebot. Dazu gehören so hochkarätige Veranstaltungsformate wie zum Beispiel die Reihe »Allein unter Bäumen«. Verantwortliche Konzeption, Akquise und Kuratierung langfristiger und nachhaltiger Projekte. Steuerung der Zusammenarbeit mit unterschiedlichsten Partnern, Institutionen, Rundfunkanstalten, Fernsehsendern und Dienstleistern und weiterer Ausbau des umfassenden Kooperationsnetzwerks. Fach- und Dienstaufsicht innerhalb der Abteilung und Fachaufsicht im Rahmen der Leitung von abteilungsübergreifenden Teams. Verantwortung für Arbeitsschutzangelegenheiten im Aufgabengebiet. Claasen musste sich schleunigst um eine neue Vergangenheit kümmern, wenn er es im Leben noch zu etwas bringen wollte. Seinen Tätigkeiten der letzten Jahre konnte man ihre konzeptionellen und strategischen Fähigkeiten kaum absprechen. Hundetrainer. Lektor. Kultureller und sozialer Geheimtipp.

Exzellente Ausdrucksfähigkeit in Deutsch und idealerweise auch in Englisch. Ein ausgeprägtes Interesse an psychologischer Kriegsführung. Verhandlungsgeschick. Hohe Belastbarkeit und Flexibilität. Genderkompetenz. Bereitschaft zur aktiven Vernetzung innerhalb der Stadtgesellschaft. Ausdrücklich erwünscht sind Arbeitsgesuche von Personen, die auf dem Lande aufgewachsen sind, sowie Bewerberinnen und Bewerber mit familiärer Einbindung in die tägliche Mensch-, Tier- und Nutzfahrzeugpflege.

Ich gehe den Weg zu meinem Auto zurück, das ich am Anfang der Verlaatstraße in einer Seitengasse abgestellt habe. Mein Jahr in Levenhaug ist um. Meine Zeit mit Silje und Weißäuglein ist um. Was ich gerade in diesem Erdgeschoss gesehen habe, verändert jäh meine Biographie. Der neue Mann. Die alte Hündin. Das Insulin. Zu Hause liegt nur noch wenig, was an mich erinnert. Ich nehme das Hundehalsband aus der Kommode und lege es auf das abgerundete Armaturenbrett meines Wagens. Ich würde jetzt bestimmt auffallen mit meinem Fahrstil. Ich falle jetzt auf mit meinem Fahrstil, denn ich habe mir vorgenommen, mein Auto so vorsichtig, langsam und gleichmäßig zu bewegen, dass das Halsband so lange wie möglich auf dem Armaturenbrett liegen bleibt. An der Stelle, an der es herunterfällt, will ich anhalten, aussteigen, die rechte Fußmatte umdrehen, mit dem Gesicht nach unten, und für eine halbe Stunde ein neues Leben beginnen. Eine ganze, von all ihrer verminderten Lebenstauglichkeit besessene halbe Stunde.

MEIN LIEBES HALSBAND, SOLL ICH FÜR DICH AUF UNSERER letzten Reise noch irgendeine Versicherung abschließen. Ich würde eine private Haftpflichtversicherung empfehlen, falls allein durch deine deliktsunfähige Existenz an der Frontscheibe Personen- oder Vermögensschäden auftreten sollten. Man muss ja sehen, wo man bleibt.

WIR FAHREN JETZT LOS. WIR HALTEN NICHT MEHR AN. WIR sind uns einig. Wir übertreiben es mit der Geschwindigkeit nicht. Wir sind ausgeschlafen. Wir sind nicht ganz bei Trost. Wir haben unser ganzes Hab und Gut im Kofferraum. Wir kriegen Probleme vom Sitzen. Wir haben Sehnsucht nach Zugehörigkeit. Wir tragen Kabelbinder bei uns. Wir haben Angst vor wilden, unheilbaren Tieren im Wald. Wir halten unsere Bewegungsprofile für unvorhersehbar. Wir wollen keine Gewebeprobe. Wir sind zu alt für diesen Scheiß. Wir stürzen Industrie, Politikapparat und sämtliche Verwaltungsorgane mit einer flächendeckenden, überdimensionalen Krankschreibung. Wir fahren jetzt los. Wir halten nicht mehr an. Wir sind uns einig. Wir kommen unter Schmerzen wieder zu Kräften. Wir simulieren nicht. Wir heben unser Leben für später auf. Wir sagen dem täglichen Kosmos adieu. Wir verbrennen Schichtbusse und Stechuhren. Wir haben ein Anrecht auf Schnaps und Schmerzmittel, wenn es so weit ist. Wir sind nicht dazu auserwählt, uns aufhalten zu lassen. Wir benötigen keine Monitore für unsere Auferstehung. Wir kommen mit einer Grundsicherung aus. Wir entziehen uns den Mächtigen mit der geringsten Lebensfreude. Wir erfinden eine Dynastie der Fehlbarkeit. Wir lassen mit einem Gedicht die Mittagspause der Regierung ausfallen. Wir sind noch nicht so weit. Wir lieben Rachefilme auf dem Lande. Wir verachten Liebesfilme in den Städten. Wir haben Grund zu der Annahme, dass unser Dasein nicht ernst genommen wird. Wir stehen ausschließlich in Kontakt mit denen, die uns nicht mehr nützlich sind. Wir haben die Liebe unserer Mütter als allumfassendes Bildungssignal verstanden. Wir halten den Blutdruck für eine gesellschaftliche Nebensächlichkeit. Wir fassen eine individuelle Einschränkung zusammen. Wir fahren jetzt los. Wir halten nicht mehr an. Wir sind uns einig. Wir bevorzugen unvernünftige Ärzte in den Endbaracken. Wir geben Rassismus gegen Nationalisten zu. Wir fotografieren Übertretungsverbote in Bushaltestellen. Wir gehen zu selten in Dorfkneipen. Wir haben keine Ahnung von deliktsunfähigen Minderheiten. Wir gehen nie nach Afrika. Wir blenden Syrien aus. Wir sind schlechte Schwimmer. Wir haben keinen Bootsführerschein. Wir freuen uns immer auf den Urlaub an der Küste. Wir sind zu alt für diesen Scheiß. Wir lesen Okopenko. Wir drehen durch beim Anblick eines unterforderten Heißluftballons. Wir zählen die Mitfreude zu den ernsteren Krankheiten. Wir benennen die Apotheken in der näheren Umgebung nach Schiffsuntergängen. Wir bewachen das Zentralarchiv unseres Hoftores. Wir fahren jetzt los. Wir halten nicht mehr an. Wir sind uns einig. Wir nehmen keine fremden Pakete an. Wir haben Angst davor, den Sportplatz abzulichten. Wir sind in keinem einzigen Liebesgedicht apolitisch. Wir schalten unsere Intelligenz drei Gänge runter. Wir bereiten uns auf die Seniorenprüfung im Springtauchen vor. Wir vernachlässigen die tierische Untermalung unserer Körperbeschaffenheit. Wir sind dick und unglücklich, wenn wir nicht ficken. Wir denken zu oft über unsere mitleidige Unversehrtheit nach. Wir sind nicht dafür geschaffen, zu den oberen Zehntausend zu gehören. Wir wollen unseren Aufenthalt in einer gebogenen Münze selbst finanzieren. Wir sollten uns in der Sorgfalt dieser Einöde nicht vom Gegenteil überzeugen lassen. Wir haben Probleme vom Sitzen. Wir unterdrücken die Taubheit im Bein mit Sport1-Clips. Wir haben sogar Hafermilch im Haus. Wir denken uns Rezepte aus, um nicht mehr vor die Tür zu müssen. Wir sind zufrieden mit unserer eifersüchtigen Hässlichkeit. Wir beneiden uns selbst um die Gabe, Schönheit bei anderen nicht nur als Makel abzutun. Wir sind als Paar minderbemittelt. Wir sind Befürworter der deutschen Jogginghose. Wir wiederholen uns ständig. Wir sind nicht begabt genug, die neuen politischen Verhältnisse wiederherzustellen. Wir sind zu alt für diesen Scheiß. Wir kriegen auf diese Art kaum ein Leben voll. Wir erwarten heute Mittag eine Sendung mit einem Abtastsystem. Wir überprüfen die Salonfähigkeit der Klingelanlage. Wir kümmern uns um die Sicherheitsabstände im Berufsverkehr. Wir fahren jetzt los. Wir halten nicht mehr an. Wir sind uns einig. Wir verbrennen Schichtbusse und LKWs. Wir verbrennen die Sicherheitsabstände selbst. Wir sind noch im Probejahr. Wir können nicht mehr darauf hoffen, dass die faschistischen Horden im Winter noch auf Fahrrädern unterwegs sein werden. Wir haben Angst vor wilden Tieren im Wald. Wir haben Kabelbinder bei uns. Wir haben noch nicht gefrühstückt bei diesem Wetter. Wir haben die heitere Zudringlichkeit dieser Region vorausgesehen. Wir nehmen den Feierabendverkehr als ein Zeichen der Friedlosigkeit. Wir wollen alle zu schnell nach Hause. Wir müssen heute noch schön werden. Wir denken an die erste Zeit ohne Stützräder zurück. Wir verbrennen Stützräder und Stechuhren. Wir benehmen uns wie Indianer beim Einlassen des Badewassers. Wir belächeln die Zivilisationskrankheiten. Wir telefonieren nicht mehr mit Toten. Wir beachten die Zollbestimmungen für Armbrüste und Panzerglas. Wir bewaffnen uns mit unserem Erbe. Wir finden in einer aufgebogenen Münze Platz. Wir fahren jetzt los. Wir halten nicht mehr an. Wir sind uns einig. Wir übertreiben es mit der Geschwindigkeit nicht. Wir sind ausgeschlafen. Wir sind nicht ganz bei Trost. Wir haben die Vorwahl der Gewächshäuser im Kopf. Wir haben unser ganzes Hab und Gut im Kofferraum.

MEIN AUSSTEIGEN DAUERT MONATE. DAS HALSBAND stellt sich quer. Sonntags. Kaum Betrieb. Wäre ich hier nur an einem Dienstag oder Donnerstag rechts rangefahren. Die großen Abstände zwischen den Trauerweiden am Teich verhindern die Gedanken an Nahrung, Genussmittel und Wohnraumbehörden. Aber in umgekehrter Reihenfolge. Mein Aussteigen ist auch immer wieder das Einsteigen. Ich sehe nach, ob ich meine Papiere und Dokumente im Handschuhfach vollständig beisammenhabe. Die ADAC-Karte brauche ich gerade am wenigsten. Ihre Helligkeit nervt.

LEVENHAUG IST DAS DORF MIT DEN MEISTEN HOMETRAINERN der Region. Am letzten Wochenende im Monat werden sie in der Toreinfahrt aufgebockt, geprüft, gewaschen und trockengerieben. Das Einsatzfahrzeug der Gesundheitsbehörde versieht in einer Tabelle die Haushalte mit einem Strich, in denen dieses Vehikel das Dasein von Säufern und Arbeitslosen auf dem Laufenden hält. Zu jeder Adresse existiert ein Bild ihres lebensverlängernden Fortbewegungsstumpfes. Familien oder Einzelstehende ohne solche Gerätschaften entrichten fünf bis sieben Prozent höhere Krankenkassenbeiträge. Es gibt Handsensoren für die Pulsmessung und Qualitätskugellager für größtmögliche Laufruhe. Die Belastungsbandbreite ist in siebzehn bis fünfundzwanzig Intensitätsstufen unterteilt. Die Maschinen variieren je nach Ausführung. Modernste technische Features für einen gelenkschonenden Bewegungsablauf. Hochwertige Magnetbremssysteme. Integrierte Transportrollen. Zweifarbig beleuchtete LC-Displays mit Ablagemöglichkeit für Tablets. Je nachdem, ob man diese Superbikes mit nur wenig gefahrenen Kilometern zum deutlich verminderten Preis bei Ebay kaufen kann. Die Hometrainer-Metasuchmaschine HomeUncle hat aus zigtausenden Annoncen die Modelle ab neunzehnhunderteinundachtzig herausgefiltert, die am häufigsten mit einer Kilometerleistung von über dreihundertfünfzigtausend angeboten werden. Um es der Gesundheitsbehörde auf ihrer Patrouillenfahrt etwas leichter zu machen, ist man mit dem Lackierfachbetrieb Alfred Emken in Aurich übereingekommen, jedes Modell in Levenhaug mit einer eigenen Farbgebung zu versehen. Emkens Leistungsangebot reicht von Unfallschäden und Reparaturlackierungen bis zu umfangreichen Industrielasuren.

LEVENHAUG, SIEBZEHNTER NOVEMBER, RAUREIF AUF DEN Dächern. Heute ist mein großer Tag. Ich starte für das Team Bahrain-Merida. Ich habe so viele Kohlen in den Ofen gelegt wie noch nie. Bin dafür zeitig aufgestanden. Die sechzehnte Etappe der Tour de France von Carcassone nach Bagnéres-de-Luchon wird mir als Fahrer nach dem Ruhetag einiges abverlangen. Ich hasse die Pyrenäen jetzt schon. Insgesamt fünf Anstiege zwischen der ersten und vierten Kategorie. Drei schwere Bergwertungen. Die rasante Abfahrt ins Ziel. Ich habe dieses Teilstück der Tour als Videoaufnahme. Meine eingeladenen Freunde bringen zwei bis fünf Schafe, einige Heuballen, vier Europaletten, zwei Rasenmäher und Tränengasdosen mit. An meiner Lampe habe ich eine Kopfmassagenspinne befestigt, die, von einem Föhn belästigt, nach dem Start der Etappe die Aufgaben eines Hubschraubers übernehmen soll. Als Alternative hätte mir ein Kronkorken, in dem Rouladennadeln stecken, vorgeschwebt. Etappenstart ist um elf Uhr dreißig, scharfer Start gegen elf Uhr vierzig.

Bis dahin sind noch einige Vorkehrungen zu treffen. Da die Schafe, Heuballen, Europaletten, Traktoren und Tränengasdosen erst nach etwa dreißig Kilometern ihren Auftritt haben, räume ich die Küche komplett leer, postiere mein Rennrad vor dem Fernseher, noch läuft das Alpenpanorama, Serfaus-Fiss-Ladis, Winterbetrieb Bergbahn von Anfang Dezember bis Ende April, und beginne damit, mein Funktionsunterhemd, das Trikot und die Trägerhose überzustreifen. Ich erwarte meine Freunde gegen zehn Uhr. Bevor wir ein leichtes Frühstück zu uns nehmen, bringen wir alles in die Küche, binden die vier Schafe am Fensterknauf fest, stapeln die Heuballen und Europaletten in der Ecke, aber in umgekehrter Reihenfolge, stülpen je zwei grüne Plastikkisten über die Motorhauben der Rasenmäher, bevor sie dann später auf ihren doppelten Boden gehievt werden, und stellen die Sprühdosen auf das Fensterbrett. Ich trete die Tour etwa drei bis vier Meter entfernt vom Videorecorder an. Couch und Sessel sind ans Fenster gerückt. Der Tisch liegt umgedreht an einer Zimmerwand. Der Teppich dürfte bei dieser Etappe ohnehin zu Schaden kommen. Ob nun ein Schaf oder ein Heuballen auf der eingezäunten Tischplatte Platz findet. Es ist jetzt kurz vor halb elf. Ich setze den Helm und die Sonnenbrille auf. Der Ofen bollert. Die Schafe sind unruhig. Ich schwitze schon jetzt. Die nächsten dreißig Kilometer bin ich auf mich allein gestellt. Meine Freunde haben die Tür zur Küche geschlossen. Traktorengeräusche auf der Straße. Die Ernte in diesem Jahr. Wir leben in einer benachteiligten Gegend. Das Videoband läuft. Ich steige aufs Rad. Die Straße ist feucht. Die Angst, sich bei dieser hohen Geschwindigkeit mit dem Lenker an einem herunterhängenden Kameragurt zu verhaken, ist enorm. Es ist nahezu unmöglich, zweihundertundachtzehn Kilometer komplett abzusichern. Mir ist klar, dass es von Beginn an

Attacken geben wird. Wie groß die Risikobereitschaft bei den Anwärtern auf den Gesamtsieg ist, wird sich dann erweisen. Die Berge sind hier wilder und unkontrollierter als die Alpen. Auf der französischen Seite leben in den Mischwäldern Braunbären und Pyrenäen-Desmane. An Braunbären habe ich gar nicht gedacht, als ich meinen Freunden auftrug, welche Dinge sie für die Vorbereitung auf die Fahrt mitzubringen hätten. Aber für solch ein Schauspiel am Straßenrand unterbreche ich die Tour jetzt nicht mehr. Ich jage mit einer Durchschnittsgeschwindigkeit von achtundvierzig Stundenkilometern über die Piste. Bei Kilometer fünfundzwanzig erwartet mich mit der Cote de Fanjeaux die erste Viertkategoriewertung. Ich darf nicht abreißen lassen. Mit vierundzwanzig Zähnen kannst du als trainierter Fahrer in den Bergen gut unterwegs sein. Schalte ich vorne mehr, nehme ich Kettenschräglauf in Kauf. Ich hätte mich vorher viel mehr mit den ganzen technischen Raffinessen auseinandersetzen müssen, bevor ich mir anmaße, wie Froome oder Contador in diesen extrem kleinen Übersetzungen zu fahren. Das Feld kommt ins Stocken. Es sind knapp dreißig Kilometer absolviert. Ich rufe jetzt meinen Freunden in der Küche zu. Sie sind an der Reihe. Landwirte mit Schafen und Traktoren auf der Straße. Ich schließe während des Umbaus die Augen, versuche durch das Trikot zu atmen. Als einer der ersten Fahrer durchquere ich eine Wolke aus Tränengas. Es brennt in der Nase, im Hals, in den Augen. Die Schafe ticken völlig aus, wollen in die Küche zurück. Heuballen verdecken das Fernsehgerät. Traktoren hindern mich am Weiterfahren. Sprinter vom Team Lotto NL-Jumbo erwägen sogar den Sofortabbruch der Tour. Die Bauern wirken aggressiv und hochgradig gereizt. Sie leben in einer benachteiligten Gegend. Das Videoband läuft. Kann man Pflanzengift mit Wasser abspülen. Wegfallende Subventionen.

Gespenstische, mit Stroh ausgestopfte Fahrerhäuser. Die Etappe wird gestoppt. Zahlreiche Sportler werden behandelt, darunter auch der Spitzenreiter der Tour. Der Sky-Fahrer aus Wales ist als Gesamtführender mit dem Gelben Trikot in die Etappe gestartet. Ich wünschte, es würde heute nicht mehr weitergehen. Ich wünschte, die Landwirte hätten sich effektiver auf ihre Blockade vorbereitet. Ich wünschte, es würde Regeln für einen einseitigen Waffengebrauch geben. Ich wünschte, ich würde zum Team Lotto NL-Jumbo gehören. Ich wünschte, es wäre eines der letzten Wochenenden im Juli und ich könnte meine rote Maschine wie immer in der Toreinfahrt aufbocken. Aber nach rund zehn Minuten und in Rücksprache mit der Gendarmerie wird das Rennen wieder freigegeben. Zwar kündigt die Präfektur der Region Aude Ermittlungen an, aber der Nutzen daraus wird nur allzu gering sein, da ich diese Landwirte aus meinem Sattel heraus wohl ohnehin nie mehr wiedersehen werde.

DIE FENSTER WEIT GEÖFFNET, SCHAFE, HEU UND TRAKTOREN im Zimmer. Meine Freunde versprechen mir nach dem Saufen, die Tour-Utensilien in zwei Tagen abzuholen. Der Transporter muss am Etappentag abends wieder zurückgebracht werden. Nach etwa einhundert Rennkilometern setzt sich eine Gruppe mit über dreißig Fahrern ab. Der Vorsprung auf den Gesamtführenden steigt zwischenzeitlich auf über elf Minuten an. Ich traue es mir nicht zu, beim Anstieg auf den Col Portet-Àspet einen Ausreißversuch zu wagen, und vergesse, meine Freunde zu fragen, wer von ihnen heute auf der siebzehnten Etappe nach Saint-Lary-Soulan in den Sattel muss. Ich beneide den, der nur diese läppischen fünfundsechzig Kilometer mit drei Anstiegen zu absolvieren hat.

ELF MINUTEN MIT VIER SCHAFEN IN EINEM ZIMMER ZU verbringen, bringt mich auf den abwegigen Gedanken, dass der Protest der Landwirte noch nicht vorbei ist. Ich spule das Videoband vor. Die letzten Fahrer werden gerade medizinisch behandelt. Ich steige aufs Rad. Die Straße ist feucht. Die Angst, sich bei dieser hohen Geschwindigkeit mit dem Lenker an einem herunterhängenden Kameragurt zu verhaken, ist enorm. Es ist nahezu unmöglich, zweihundertundachtzehn Kilometer komplett abzusichern. Mir ist klar, dass es von Beginn an Attacken geben wird. Wie groß die Risikobereitschaft bei den Anwärtern auf den Gesamtsieg ist, wird sich dann erweisen. Die Berge sind hier wilder und unkontrollierter als die Alpen. Meine Augen tränen noch immer. Ich atme durch das Trikot. Ich sehe die Straße nicht, keine Kurven und Spitzkehren. Ich fahre nach Gefühl. Die Übersetzung stimmt so weit. Verlassene Traktoren und Schafe auf den Feldern. Ich habe die vier Europaletten neben meiner Maschine übereinandergestapelt, damit mir aus dem Begleitfahrzeug meines Teams Getränke und Energieriegel gereicht werden können. Unser Mannschaftswagen ist perfekt ausgestattet. Digital-TV. Eine Freisprechanlage für mehrere Handys. Navi-Display. Vier Funkkanäle. Einen Kanal für das Tour-Radio. Einen für die Gespräche mit den Fahrern aus dem eigenen Rennstall. Einen für das Personal und einen, um per Suchlauf die Kommunikation der Konkurrenz mitzuhören. Das sieht man dem Auto von außen gar nicht an, Trainer, Sponsoren, Manager, Laufräder, Regenausrüstungen, Ersatzschläuche. Ich weiß von unserem Teamchef, dass vor dieser Tour Unmengen an Geld investiert wurden, um unseren Kanal abhörsicher zu verschlüsseln. Auf dem Dachträger neun Bikes. Vier komplett aufgebaut, die restlichen ohne Vorderräder. Meine Ersatzmaschine ist hinten rechts montiert, dort, wo der Mechaniker den Standstreifen nutzen kann und am schnellsten Zugriff hat. Die Schafe interessieren sich für die Riegel. Ich schwitze. Ich gebe nicht auf. Die Traktoren werden bei diesen Temperaturen immer kleiner. Wenn der Mechaniker nicht bald die Scheibe schließt, wenn sich unser Mannschaftswagen nicht bald wieder zurückfallen lässt, haben die Tiere alles gekriegt, was sie wollten.

HABE MIR AUS DEN PALETTEN, DER COUCH UND DEM Tisch ein Gehege gebaut, um nachts Ruhe vor den Schafen zu haben. Hätte ich geahnt, wie alles kommt, hätte ich mich eher für die siebzehnte, nur fünfundsechzig Kilometer lange Etappe nach Saint-Lary-Soulan entschieden, die hoffentlich nicht zu den benachteiligten französischen Gemeinden zählt. Morgens in den eigenen vier Wänden aufgewacht. Über den Zaun glotzende Schafe. Gestank nach Pisse und Heu. Ich muss gestürzt sein und erinnere mich an nichts mehr, nur noch daran, dass ich bei der Abfahrt vom Col Portet-Àspet die Kontrolle über mein Rad verloren habe. Dehydrierte Schafe und Traktoren. Der Mannschaftswagen längst in Richtung Ziel unterwegs oder schon lange da. Ich habe kein Zeitgefühl mehr. Ich habe Angst, dass meine Verletzungen an den Beinen schlimmer sind als gedacht. Die Medikamentenbox aus dem Begleitfahrzeug liegt auf dem Asphalt. Meine Freunde kommen heute oder morgen mit dem Transporter. Einer von ihnen sitzt bestimmt schon auf seiner Maschine und wird von den Menschen links und rechts der Straße angefeuert. Er fehlt beim Aufladen. Zuerst die Schafe. Dann die Heuballen und Rasenmäher. Am Ende die Paletten. Denn sie sind die Waghalsigsten im gesamten Konvoi.

IV

North Sentinel, Handschmeichler

HEUTE HATTE ICH DAS GEFÜHL, MIT EINER LUFTDRUCK-pistole den Indischen Ozean beenden zu können. An seiner flachsten Stelle. Es könnte Tausende von Jahren dauern. Riesige Felder. Aber an den schlammigen Ufern keine Andenkenbuden mehr. Keine Regale mit Silberschmuck und Flugdrachenschnüren. Nie mehr. Nur Wasserkanister und Schlangenschutzmittel. Zum Einreiben oder zum Sprühen. Zum Implantieren. Highways von Port Blair bis zu den Andamanen rüber. Alexandra Island. Red Skin Island. Tarmugli Island. North Sentinel. Sechsspurig. Neunspurig. Mein Taxi ist weiß. Der Starttarif beläuft sich auf dreitausend Rupien. Ich bin anständig genug, um zu wissen, wo die Grenzen sind. Es regnet, Schwesterchen, schick jetzt keine SMS. Wenn ich Mitglied der Regierung wäre, würde ich mich darum bemühen, den südasiatischen Aufsichtsmechanismus zu verbessern. Man muss ja sehen, wo man bleibt. Ich weiß, dass ich mich weigern werde, dich vor meiner Abreise diese Zeilen lesen zu lassen, Mami. Wenn dich mein Schwesterchen anruft, sag ihr, dass ich sie nicht mehr beschützen kann. Für Vater ist sie immer das Reh gewesen. Mein Taxi ist weiß. Keine Ahnung, wie lange ich diesen Showdown hier noch überlebe. Geographisch sollte bald alles möglich sein. Kaltenkirchen, Afrika, Galerazamba, Port Blair, die Andamanen.

DAS ZERREISSEN ALTER BRIEFE AUS DEM NEUNZEHNTEN Jahrhundert. Port Blair, erster September achtzehnhundertneunundvierzig. Meine liebe Mama, wir hätten den zweiten Offizier nicht auf der *Emily* zurücklassen dürfen. Bei starkem Seegang liefen wir vor der West-Andamanischen Küste auf Grund. Die Rettungsboote konnten nicht alle Matrosen aufnehmen. Viele ertranken. Unsere Pinasse war undicht. Wir besserten sie mit Treibgut und Mänteln aus. Beim Versuch, an den Strand zu gelangen, wurden wir von den Einheimischen mit Pfeilen beschossen. Wir hatten keine andere Wahl und mussten Kurs auf das burmesische Festland nehmen. Wir verloren ein halbes Dutzend Männer. Delphine mit Wohnberechtigungsscheinen für die Wasserflächen neben unserem Boot hielten uns für Kannibalen und suchten das Weite. Nach etwa zehn Tagen erreichten wir das sichere Ufer. Fast zwei Monate später, am fünfundzwanzigsten Oktober, fuhren wir mit einem anderen Schiff zur havarierten *Emily* zurück. Simpkin, der zweite Offizier, hätte sich uns damals anschließen sollen, als wir das Deck im Sturm verließen. Es gab nicht mehr viel, was an ihn erinnerte. Pfeile und Stangen in seinem Leib. Keines dieser verheerenden Hölzer unterhalb der Oberschenkel. Unterdessen versammelten sich ein paar Hundert bewaffnete Krieger an einem Feuer am Strand, in Kleidungsstücke gehüllt, die sie an Bord unseres Schiffes gefunden haben mussten. Nach ein paar Kanonenschüssen flüchteten sie ins Dickicht der Insel. Eine Bergungsfirma sandte einige Monate später ein weiteres Schiff in diese Region, um die *Emily* bis in ihre Eingeweide auszuschlachten. Was dann passierte, konnten wir uns auch Jahre später noch nicht erklären. Die Andamanesen kamen unbewaffnet an Deck, halfen den Arbeitern bei ihren Verrichtungen und brachten die geplünderten Kleidungsstücke und Geräte wieder zurück. Nach unserem Abzug steckten die Krieger die Überreste des Wracks in Brand, um Eisenbolzen und Nägel aus ihren Verankerungen zu lösen. Sie waren so naiv zu glauben, diese Materialien wären ihnen ohne Verbindungsschnüre dabei behilflich, ihren Fortbestand zu sichern. Sie waren so naiv, sich an Holzwundern zu erfreuen.

DAS ZERREISSEN ALTER BRIEFE AUS DEM ZWANZIGSTEN Jahrhundert. Wären wir nur an einem Dienstag oder an einem Donnerstag vor dieser Insel auf Grund gelaufen. Mein Von-Bord-Gehen ist auch immer wieder meine Rückkehr an Bord. Aber in umgekehrter Reihenfolge. Die großen Abstände zwischen den Palmen am Strand verhindern die Gedanken an Nahrung, Genussmittel und Wohnraumbehörden. Aber in umgekehrter Reihenfolge. Mein Aussteigen ist auch immer wieder das Einsteigen. Ich sehe nach, ob ich meine Papiere und Dokumente in meiner Kabine vollständig beisammenhabe. Die ADAC-Karte brauche ich gerade am wenigsten. Ihre Helligkeit nervt. Nach einigen Tagen und Wochen ist mir aufgefallen, dass ich mit den Einheimischen eher beim Zurückkehren an Bord ins Gespräch komme als beim Verlassen des Schiffes. Die Gegend wirkt arm, aber nicht gefährlich. Ich gehe die Gangway hoch und wieder runter. Aber in umgekehrter Reihenfolge. Ich hinke am Strand und bin nachlässig gekleidet. In meiner Kabine, aber das können die Ureinwohner nicht sehen, liegen weder Bücher noch großspurige Zeitungen herum. Ich platziere das Hundehalsband im Sand und versuche, aus einiger Entfernung, mit Steinen das Gleichgewicht im Innern herzustellen. Habe ich den fünften Stein im Kreis platziert, darf ich hierbleiben. Um die hilflose Art, hierbleiben zu wollen und von den Insulanern aufgenommen zu werden, noch etwas mehr zu betonen, bemühe ich mich im Sitzen darum, die Steinchen ins Zentrum zu befördern. Habe ich den siebzehnten Stein im Kreis platziert, muss ich zwölf Steine wieder rausnehmen. Ich hoffe, dieses Besiedelungsmodell findet hier keine Anwendung. Keine Sorge. Unser Frachter, registriert unter der Flagge Panamas, legt bestimmt gleich wieder ab. Warum ausgerechnet siebzehn Steine. Habe ich den fünften Stein im Kreis platziert, darf ich hierbleiben. Tausende Tonnen Hühnerfutter. Von Bangladesch nach Australien. Monsunzeit. In der Nacht auf den zweiten August neunzehnhunderteinundachtzig geriet unser Schiff in einen Taifun. Ich sah noch mal nach, ob ich meine Papiere und Dokumente in meiner Kabine vollständig beisammenhatte. Die ADAC-Karte brauchte ich gerade am wenigsten. Ihre Helligkeit nervte. Den Allgemeinen Deutschen Automobil Club gibt es seit neunzehnhundertdrei, falls jemand bei dieser aufgeworfenen, verheerenden Untergangsstimmung an meiner Sachlichkeit zweifeln sollte. Unser taiwanesischer Kapitän trug keine Schuld daran, dass unser Sechzehntausend-Tonner in dieser schweren See über das Riff in die seichten Inselgewässer gedrückt wurde. Wir konnten hier nicht mehr sinken und waren gerettet. Nur wenige Hundert Meter vom Strand entfernt. Palmen, Einbäume, keine Zivilisationskrankheiten.

EINMAL IST WEISSÄUGLEIN BEIM SPAZIERENGEHEN UMGEkippt. Eine Fingerspitze mit Traubenzucker unter die Zunge. Und sie war wieder die Alte. Eine Fingerspitze mit Traubenzucker. Das Hundehalsband vor dem Abgrund. Die Fußbodenmatte ist das Straßenpflaster, aber in umgekehrter Reihenfolge. Zandschow. Zandschow. Den Namen dieses Dorfes hat er schon einmal irgendwo gelesen, irgendwo gehört. Claasen erinnert sich. Es kann gar nicht so lange her sein, seit die amtierende Regierung den Beschluss gefasst hat, für einen Zeitraum von zwölf Monaten, auf der A7, zwischen den Abfahrten Zandschow und Höverlake, sämtliche Unfälle zu untersagen. Dabei handelt es sich um einen Streckenabschnitt von siebzehn Kilometern, von denen vier

Komma fünf Kilometer allein den Schrittwechseln der Tiere vorbehalten sind. Falls sie es tagsüber oder nachts unbemerkt auf die bewaldeten Inseln zwischen Landstraße und der fast parallel verlaufenden Autobahn geschafft haben. Und es hoffentlich nicht versäumt wurde, auch hier dieses Gefahrenschild aufzustellen. Aber solch ein Hinweis würde wohl eher auf einer Chaussee fehlen, stünde dem Verkehrsamt für die Bewegungsinstinkte des Wildes nur noch ein Schild zur Verfügung. Bei Zuwiderhandlungen, bei zu registrierenden Unfällen, fallen neben der Schadensabwicklung außerdem noch hohe Geldstrafen an. Die Menschen in dieser Region haben die Wahl, auf Unfälle zu verzichten.

SELBSTBEWUSSTE REHE UND FASANE, SICH LANGWEILENDE Ärzte, Nachtschwestern, Versicherungsangestellte, Autoschlosser, Krankenwagenfahrer und Mitarbeiter des örtlichen Abschleppdienstes. Sie alle könnten für ein Sabbatjahr nach Cartagena gehen. Dort gibt es keine derart unsinnigen Regierungsbeschlüsse. Mir ist aber nur der Fall eines Rehs bekannt, das diese Möglichkeit nutzen möchte. Mit der Familie ist noch zu sprechen. Eine Auslandskrankenversicherung sollte möglichst zeitnah abgeschlossen werden. Sollte dem Reh in der Küstenstadt etwas zustoßen, gehören zu den Serviceleistungen der DKV die Vermittlung eines medizinischen Dolmetschers und die Organisation einer Besuchsreise durch Angehörige. Nachtschwester Ines ist noch unentschlossen. Die ständigen Gerüchte über die Departamentos del Chocó und de Norte de Santander in den abgelegeneren Teilen Kolumbiens. Landminen und Scopolamin. Zandschow hingegen ist ein Nest im äußersten Norden. Ein Feuerlöschteich im Zentrum. Wohncontainer. Getränke-Wolf. Apfelbäume. Wenn hier alle stranden, denen bei diesem Huckelpflaster ihr Hundehalsband vom Armaturenbrett rutscht, braucht man sich um diese Walachei keine Sorgen mehr zu machen. Claasen hat nachgeholfen. Ist rechts rangefahren. Zandschow.

HEUTE HATTE ICH DAS GEFÜHL, MIT JAPANISCHEM HEIL-öl etwas für meine Konzentration in der Fremde tun zu können. Ich rieb den Rücken meiner Hängematte damit ein, mein Strohdach und das Zelt, aber das Zelt nur an den Schienenbeinen der Heringe. Kaum Menschen am Ufer. Ab und zu kommt bei mir die Sehnsucht durch, von einem Auto in der Heimat erfasst zu werden. Aber ich traue diesem Heimweh nicht. Mein Taxi ist weiß. Ich habe in dieser Wildnis ein neues Leben begonnen. Die ständigen Gerüchte über die Departamentos del Chocó und de Norte de Santander, die meilenweit von meiner Stadt entfernt sind, konnten mich letztlich nicht abschrecken. Innerhalb der Mauern Cartagenas patrouillieren täglich zweitausend Polizisten. Die weniger frequentierten Gegenden wie Getsemani und La Matuna lässt du in den Nächten besser links liegen. Ich wohne mit Vorliebe in Gegenden, in denen im Notfall jede Hilfe für mich zu spät käme. Mein Starttarif beträgt fünf oder sieben Millionen Pesos. Man muss ja sehen, wo man bleibt.

ALS ICH MIT MEINEM SCHWESTERCHEN NOCH IM WALD lebte, wäre ich nie auf die Idee gekommen, mal für ein Jahr nach Kolumbien zu gehen, Spanisch zu lernen und dort meinen Taxischein zu machen. Meine Bewerbung, auf einer Hacienda in Puerto Triunfo, achthundertdreiundfünfzig Kilometer von Cartagena entfernt, eine ganztägige Kinderbetreuung zu übernehmen, wurde überaus freundlich angenommen. Bekannte hatten mir im Unterricht in San Diego von diesem Zoo erzählt, der für alle geöffnet hatte, die arm und besitzlos waren. Hier konnte man Löwen, Kamelen, Elefanten, Flusspferden, Zebras, Nashörnern, Brillenbären, Tigern und Flamingos sehr nahekommen. Mein Schwesterchen schrieb mir mal, dass in Tsetsefliegen kaum Zebrablut zu finden ist. Sie bevorzugen eintönige Oberflächen. Die Hacienda lag im Tiefland des Magdalena-Flusses. Ein dreitausend Hektar großes Anwesen mit einer Flugzeuglandebahn, Fincas, künstlichen Seen, einer Stierkampfarena, Saurierskulpturen neben Saurierlautsprecherboxen, Swimmingpools, ausgebauten Straßen und einem gynäkologischen Behandlungszimmer. Mit meinem damaligen Chef hatte ich mich, was die Bezahlung betraf, überworfen und musste über Nacht Cartagena verlassen. Den Wagen brauchte ich für meine Flucht. Mein Taxi war weiß. Der Starttarif betrug fünfzehn Millionen Pesos. Ich fuhr mal für einen privaten Anbieter. Er hatte seine vier Fahrzeuge umspritzen lassen und soll in dubiose Geschäfte verwickelt gewesen sein. So wurde es jedenfalls von der Konkurrenz verbreitet. Er hatte nie zuvor ein Reh als Fahrer und versprach sich davon eine Belebung seines Geschäftes. Meine Geschichte erschien in mehreren regionalen Zeitungen. Aber mir war das alles nicht genug. Auf der Karte sah ich mir die Strecke an, für die ich etwa vierzehn Stunden benötigen würde. Fast einmal quer durchs Land fahren. Über El Carmen de Bolívar, Curumani-Bosconia, San Alberto, Sabana de Torres, Yarima bis Puerto Triunfo. Puerto Triunfo, etwa zweihundertfünfzig Kilometer nordwestlich von Bogotá. Auf meiner Fahrt nahm ich Anhalter mit, Hasen, Kinder, Bauern, Gemüsefrauen, Bananenpflücker, kleinere Raubvögel, aber keine Schlangen. Ich wollte ja nicht mit leeren Händen zu meiner Familie zurückkehren. Es waren jetzt mehrere Millionen Schritte bis zum Meer. Bett mit Moskitonetz. Wenn ich zwischen den Palmen stand, konnte ich mein Boot sehen. Mein Taxi war weiß. Cartagena lag jetzt in Europa. Puerto Triunfo war ein Punkt an der indischen Küste.

MEIN NEUER DIENSTHERR HATTE NIE ZUVOR EIN REH ALS Kinderbetreuer und versprach sich davon eine Belebung seines Geschäftes. Es gab über viertausend Bewerbungen auf diese Stelle. Ich hatte noch keine Punkte in Flensburg, eine zweijährige Praxis beim Überqueren von Verkehrsinseln und eine gute Orientierung bei schlechter Witterung. Mein polizeiliches Führungszeugnis wurde zeitnah aus Wilhelmshaven rübergefaxt. Meine Geschichte erschien in mehreren regionalen Zeitungen. Es gab mindestens fünftausend Bewerbungen auf diese Stelle. Meine Zeit als Taxifahrer in Cartagena war wohl letzten Endes der entscheidende Punkt für die Bewilligung der Arbeit auf der Hacienda. Die Standorttreue gegenüber der Hängematte in der Nähe des Strandes wurde mir bisher nie zum Verhängnis. Ich habe noch nie jemanden verraten. Zu meinen natürlichen Feinden zählten Raubtiere und übertriebener, kein stockender Verkehr. Aber mir war das alles nicht genug. Ich suchte das vertrauliche Gespräch mit meinem Chef und schlug ihm vor, an den Wochenenden, neben der Kinderbetreuung, auch noch im Zoo mit auszuhelfen. Einem Reh traute man so etwas ohnehin nicht zu. Nilpferde und Flamingos zu versorgen. Sauriermonumente zu waschen. Die Holzgerüste in der Stierkampfarena mit einer Pflegelasur zu überpinseln. Ich war dabei, als mein Dienstherr seinem Sohn eine Sig Sauer in die Hand drückte, um einen verletzten Hirsch auf der Ranch von seinen Schmerzen zu erlösen. Er brauchte mehrere Versuche. Sein Vater hatte ihm beim möglichen Benennen der Zielpunkte freie Wahl gelassen. Sollte Juan sein Freiwilliges Soziales Jahr zwischen Zandschow und Höverlake verbringen, würde ich keine Sekunde zögern, ihm die besten Verstecke auf den Verkehrsinseln zu zeigen. Wir wohnten nicht die ganze Zeit auf der Hacienda. Von den vielen vorfahrenden Autos ging oft eine große Unruhe aus. Die meiste Zeit verbrachten wir am Wasser bei den Flusspferden und Flamingos. Warum einige der an die zweitausend anderen Bediensteten den Dung der Tiere in Schubkarren luden, um ihn in Lagerhäusern abzuladen, verstanden wir nicht. Ich erinnere mich gern an die unbeschwerte Zeit an den Ufern der zahlreichen Seen auf unserem Gelände. Juan half mir dabei, einige Wörter richtig auszusprechen. Dafür durfte ich ihn und seine Schwester mit meinem Taxi zu den Saurierfeldern fahren. Der Starttarif belief sich auf null Pesos. Selbst eine Strecke über zwanzig Meter fuhren wir im Konvoi. Einmal waren neben dem Triceratops und dem Tyrannosaurus die Lautsprecherboxen ausgefallen. Wir versuchten, bei starkem Wind zu dritt die Geräusche dieser Giganten nachzumachen. Aber ein Techniker war längst über Funk informiert worden. In einem anderen Erdzeitalter hätten wir auf einer Münze ausharren müssen, um uns verständigen zu können. Hasta la vista. Hasta la vista. Als meine Zeit in Puerto Triunfo dem Ende entgegenging, sagte mir Juan abends am Bett, dass ich mir was wünschen dürfe. Was immer es auch sein möge. Sein Vater könne ihm nichts abschlagen und ihm jeden Wunsch auf der Welt erfüllen. Die meiste Zeit verbrachten wir am Wasser bei den Flusspferden und Flamingos. Warum einige der an die zweitausend anderen Bediensteten den Dung der Tiere in Schubkarren luden, um ihn in Lagerhäusern abzuladen, verstanden wir nicht. Ich erinnere mich gern an die unbeschwerte Zeit an den Ufern der zahlreichen Seen auf unserem Gelände. Muss an meine Mutter und an mein Schwesterchen denken. Das Leben auf den Autobahninseln. Zandschow und Höverlake.

Dusslig rumstehen und Durst haben. Ich habe alles so restlos satt. Die militante Unentbehrlichkeit der Angehörigen im Betreuungsfall. Die Verschwendungssucht der Selbstgerechtigkeit. Die moralische Angriffslust der Empörung. Meine über alles geliebte Mutter, deiner unbändigen Liebe mir gegenüber habe ich es zu verdanken, dass aus mir ein Mensch geworden ist, der längst mit all deinen Geheimnissen vertraut ist und sie bis zuletzt für sich behält. Wenn du zu Besuch warst und wir uns betranken, wählte ich für dich die Nummern deiner verheirateten Liebhaber. Warum wolltest du, dass ich die Stimmen der Frauen hörte und nicht du. Deine Sehnsucht nach ruhigen Männern mit blauen Augen und einer hohen Intelligenz überraschte mich nie. So etwas war zwischen Zandschow und Höverlake, auf Verkehrsinseln, in Wäldern und auf Parkplätzen nie für dich zu finden. Technisch sollte bald alles möglich sein. Kaltenkirchen, Afrika, Galerazamba, Port Blair, Puerto Triunfo, die Andamanen.

PALMEN UND EINBÄUME, NUR HUNDERTE METER VOM Strand entfernt. Nackte Sentinelesen am Ufer, aufgebracht, muskulös, kriegerisch, aber aus der Ferne lächerlich archaisch bewaffnet, bis sie versuchen, bei zu starker Brandung, auf Baumstämmen sitzend, unser Schiff zu erreichen. Der Eigner des Frachters in Hongkong, die Regent Shipping Company, kann den abgehörten Funkspruch kaum glauben: *Werden von den Ureinwohnern mit Pfeilen, Steinäxten und Speeren bedroht. Brauchen Hilfe. Bitten um den Abwurf von Gewehren.* Die indische Marine ist zur Bergung seit Stunden unterwegs. Aber der Schlepper, der uns wieder ins offene Meer ziehen soll, muss aufgeben. Der Taifun ist unser ganzes Glück in diesen Tagen. Von Bord aus müssen wir mit ansehen, wie die sentinelesischen Stammeskämpfer versuchen, ihre Auslegerkanus noch sturmtauglicher zu machen, Stechkähne, fast schon zu eng für zwei Füße, bootsähnliche Stämme, die, mit einer Stange gesteuert und angetrieben, vorher nur für das Fischen in den seichteren Küstengewässern geeignet waren. Wir stellen Tag und Nacht Wachen auf und halten Stahlrohre und Signalpistolen in den Händen: *Schätzen die Zahl der Eingeborenen auf fünfzig bis dreiundachtzig. Wenn nicht bald Verstärkung eintrifft, werden wir das hier nicht überleben.* Heute ist der zehnte Tag, den wir manövrierunfähig an der Küste von North Sentinel zubringen. Die indische Marine, die über keine eigenen Hubschrauber auf den Andamanen verfügt, muss fremde Hilfe in Anspruch nehmen. Die Zeit drängt. Admiral Sawnhi, der zuständige Kommandeur in Port Blair, nimmt Kontakt zur indonesisch-australischen Firma P. T. Airfast Service auf, die mit einem Hubschraubergeschwader die Arbeiten auf der indischen Ölplattform Gettysburg vor der Küste der Andamanen unterstützt. Der eingesetzte Helikopter vom Typ S-58 T Sikorsky kann maximal die beiden Piloten und sechzehn Passagiere transportieren. Der indische Marinepilot, Leutnant Gadhok, erklärt sich sofort dazu bereit, diese Befreiungsmission zu unterstützen. Eine Strickleiter aus Seilen muss schnellstens her, falls eine Landung auf dem Frachter nicht möglich sein sollte. Fünfzehn bis zwanzig Fuß hohe Wellen. Es gelingt den Piloten, mit dem Helikopter auf der geschlossenen Ladeluke aufzusetzen, bei etwa dreißig Knoten Seitenwind. Sie beschließen, die Besatzung auf drei Rettungsflüge zu verteilen, um bei diesen Wetterbedingungen keine Menschenleben zu gefährden. Es sind dreiunddreißig Seeleute und ein Hund an Deck. Persönliche Gegenstände sollten an Bord verbleiben. Die Vorstellung, wie die Ureinwohner Tage oder erst Wochen später versuchen, mit einer beschissenen ADAC-Karte eine Kokosfrucht auszuschaben, macht uns nicht gerade zu besseren Menschen. Nach unserem Abzug stecken die Krieger die Überreste des Wracks nicht gerade in Brand, um Eisenbolzen und Nägel aus ihren Verankerungen zu lösen. Sie sind so naiv zu glauben, diese Materialien wären ihnen ohne Verbindungsschnüre dabei behilflich, ihren Fortbestand zu sichern, denken wir. Sie sind so herrlich naiv, sich an den Holzwundern in Fischen und anderen Lebewesen zu erfreuen, glauben wir. Die Überlegenheit, im Ernstfall einen Helikopter zu besteigen. Die Lässigkeit, auf Höhenangst und Strickleitern zu verzichten. Das Glück in Abrede gestellt zu haben, weil keine Gewehre abgeworfen wurden. Die Angst, den Taifun als Himmelsgeschenk anzunehmen. Der Stolz, die Kontaktlosigkeit zu anderen feindlichen Stämmen als hinterwäldlerisch zu besingen. Die Gier, keine Insel auf der ganzen Welt unangetastet zu lassen. Die Sicherheit, kaum Delphine gesehen zu haben. Die Sorge, die täglich wechselnden Heimwege zu vernachlässigen. Das Spiel, uns auf die Heimat zu freuen. Die sachliche Ausgewogenheit, so wenige Eisenteile wie möglich in der Fremde zurückzulassen. Der geringe Aufwand, diese albernen, hingestreuten Seeknochen selbst auf den Satellitenbildern später wieder vergessen zu können.

ZUM ABSCHIED AUS PUERTO TRIUNFO, IN DEN ACHTZIGER oder neunziger Jahren des vergangenen Jahrhunderts, wünschte ich mir, dass Juans Vater aus einem Helikopter einen weißen Hometrainer über dem Strand von North Sentinel abwerfen lassen und das sich anbahnende Schauspiel mehrere Tage von einem Fischerboot aus, das sich in einem gehörigen Abstand zum Ufer befand, mit einer Videokamera festhalten sollte. Da diese Insel seit neunzehnhundertsechsundneunzig von der indischen Marine und Polizei überwacht und durch ein offizielles Kontaktverbot geschützt wurde, war es kaum möglich, in die Sperrzone von drei Kilometern um diese Insel herum einzudringen. Vier Jahre vorher war die Welt noch eine andere. Mark Spitz kehrte mit einundvierzig Jahren noch einmal ins Wettkampfbecken zurück, um sich für die Olympischen Spiele in Barcelona zu qualifizieren. Er war noch immer in bester körperlicher Verfassung, aber für die Spiele in Spanien reichte es einfach nicht mehr, nur noch für das Abtrainieren in Freizeitanlagen oder in den seichten Küstengewässern an den Stränden des letzten Steinzeitvolkes der Erde. Türkisblaues Beckenwasser mit treibenden Kokosnüssen. Vierundzwanzig Jahre früher war die Welt noch eine andere. Mark gewann sieben Goldmedaillen bei den Olympischen Spielen, stellte dabei jeweils einen neuen Weltrekord auf, während eine indische Regierungsdelegation versucht, einen freundschaftlichen Kontakt zu den Ureinwohnern herzustellen, und am Strand von North Sentinel zwei Schweine und eine Puppe hinterlässt.

DIE ENTFLOHENEN SCHWARZEN SKLAVEN STELLEN ZU JEner Zeit die größte Gefahr für die Kolonisten dar. Der Höhepunkt unserer Festspiele ist immer die Ausstrahlung der mehrteiligen Fernsehserie »Die Abenteuer des Sir Francis Drake« auf einer Kinoleinwand am Strand zwischen den Palmen. Von den dreizehn Episoden, die neunzehnhundertsiebenundsechzig in der ARD ausgestrahlt wurden, schafften es immerhin sechs Folgen neunzehnhundertfünfundsiebzig in das DDR-Fernsehen. Claasen ist zu diesem Zeitpunkt zehn Jahre alt. Segelte die Golden Hind unter vollen Segeln in unsere Wohnzimmer und schoss eine Breitseite ab, sonntags gegen fünfzehn Uhr, wollten wir alle Diego, Drakes Sklave, sein. Eine Wahl der Episoden kann erst nach Wahl der Sprache erfolgen, aber in umgekehrter Reihenfolge. Uneingeschränkte Kaufempfehlung für Chemiearbeiter und Hundebesitzer. Neunzehnhundertfünfundsiebzig war überhaupt ein gutes Jahr für die DDR-Führung. Denn es gab auch »Die Männer von Saint Malo«. Die Franzosen, die in dieser Serie ein Jahrhundert später in Saint-Malo und in der Karibik auf den Weltmeeren gegen die Engländer und Spanier kämpften, hatten ebenfalls gute Piraten. Nicolas de Coursic war unser zweiter Held, falls zum Fasching zu viele von uns als Francis Drake gehen wollten. Die erste Folge war Anfang November an einem Montag zu sehen. Die Golden Hind war die Sémillante, aber in umgekehrter Reihenfolge. Die kleinste Revolution konnte daher in den nächsten sechs bis zwölf Wochen nur an einem Dienstag beginnen. Neunzehnhundertfünfundsiebzig war überhaupt ein gutes Jahr für unsere Eltern. Samstags gab es Zitronentörtchen von Gager, an den Sonntagen lief Francis Drake, und montags nannten wir uns Nicolas de Coursic, aber nur, wenn diese Serie da draußen auch bekannt war.

DAS ZERREISSEN ALTER BRIEFE AUS DEM ZWANZIGSTEN Jahrhundert. Auf diesem Bild hier bin ich fünf Jahre alt. Der Schatten über meinem Gesicht gibt sich die unbändigste Mühe, frei zu sein von Zauber. Zwanzig Jahre später sind meine Mama und ich zusammen auf dem Leipziger Weihnachtsmarkt. An einem Stand mit Schnitzprodukten aus dem Erzgebirge nimmt sie einen gewundenen, etwa fünf bis sieben Zentimeter langen Schlüsselanhänger, einen Handschmeichler, zwischen Finger und Daumen. Sie bewegt sich damit auf mich zu, aber natürlich nur, um mir diesen Schatz zu zeigen, etliche Millionen Meter vom Strand entfernt. Wir fliehen durch die Menge. Scharfschützen auf allen Dächern der Umgebung. Phantombilder an Litfaßsäulen. Sachdienliche Hinweise der Bevölkerung. Zeugenaussagen von Touristen. Auswertbares Überwachungsmaterial vom Weihnachtsmarktbetreiber. Mit meiner Hilfe ist meine Mama über viele Jahre die meistgesuchte Frau Deutschlands, amerikanische Außenministerin, eine hochdekorierte Mathematikerin und die ständige Geliebte von Richard Gere. Mit meiner Hilfe kostet eine Briefmarke in ihren Augen über eine Million. Wenn ich sie nicht einmal beim Telefonieren zum Lachen bringe, verliere ich meine Zulassung als Geschwistertier.

EINE WEISSE, ERSTARRTE, UNBEZWINGBARE KREATUR AM Strand. Schiffsteile einer Hirschkuh. Tierkonstruktion eines Podests. Eisenproviant für mehrere Monate. So schwer wie ein winziges Schwein. Abgeworfen aus einem mit Pfeilen beschossenen Helikopter. Ratlose Krieger am Ufer. Es gibt Handsensoren für die Pulsmessung und Qualitätskugellager für größtmögliche Laufruhe. Durch den Aufprall im Sand liegt der schwere Kadaver beinahe unverrückbar vor ihren Füßen. Die Belastungsbandbreite ist in siebzehn bis fünfundzwanzig Intensitätsstufen unterteilt. Sie versuchen mit bloßen Händen, das schwarze, verfaulte Teil des Geweihs, das gerade noch so aus der Erde ragt, abzubrechen. Jedenfalls sieht es auf dem Mitschnitt so aus. Die Maschinen variieren je nach Ausführung. Ihre Erregbarkeit nimmt zu, nachdem sie mit ihren Steinäxten am Bauch nicht weiterkommen. Modernste technische Features für einen gelenkschonenden Bewegungsablauf. Sie treten mit ihren Fußsohlen und Hacken gegen den kleineren, verdorbenen Geweihrest in der Mitte, der sich bewegen lässt. Wir können auf den Filmaufnahmen zwar nicht erkennen, ob sich der Pedalzusatz dreht oder ob sie nicht doch mit ihrem Spann zuerst auf den fremden Körper trafen. Hochwertige Magnetbremssysteme. Aber wir haben die Hoffnung, dass ihnen diese technische Raffinesse nicht entgeht. Integrierte

Transportrollen. Denn alles, was sich bewegt und sich nicht ohne Weiteres von einem Dreh-Arm lösen lässt, geht selbst an einem Urvolk nicht spurlos vorüber. Zweifarbig beleuchtete LC-Displays. Aggressivität und Spiel. Ablagemöglichkeit für Holz und Steine. Zufriedenes Ausrollen der Jagdsaison. Wie lange sollen wir denn noch warten, bis sie endlich versuchen, diesen Gegenstand aufzurichten, um ihn zu besteigen, zu demütigen, zu besiegen, um ihn auf ihre Art dingfest zu machen. Schnellwahltasten für alle Programme. Wie lange denn noch. Leider keine Berg- und Talprofile. Wenn sie das Ungetüm doch wenigstens ins Wasser zerren würden. Reduzierung auf die wesentlichen Funktionen. Dieses Video ist für uns kaum zu ertragen. Wie blöd muss man denn sein. Wir sollten uns endlich wie normale Menschen benehmen. Mir reicht es jetzt. Ich steige aufs Rad. Die Straße ist feucht. Die Angst, sich bei dieser hohen Geschwindigkeit mit dem Lenker an einem herunterhängenden Kameragurt zu verhaken, ist enorm. Es ist nahezu unmöglich, die Inselrundfahrt komplett abzusichern. Mir ist klar, dass es von Beginn an Attacken geben wird. Wie groß die Risikobereitschaft bei den Anwärtern auf den Gesamtsieg ist, wird sich dann erweisen. Die Wälder sind hier wilder und unkontrollierter als zu Hause. Meine Augen tränen noch immer. Ich atme durch das Trikot. Ich sehe die Straße nicht, keine Kurven und Spitzkehren. Ich fahre nach Gefühl. Die Übersetzung stimmt so weit. Krieger und Kanus am Strand. Ich habe die vier Europaletten neben meiner Maschine übereinandergestapelt, damit mir aus dem Begleitfahrzeug meines Teams Getränke und Energieriegel gereicht werden können. Unser Mannschaftswagen ist perfekt ausgestattet. Digital-TV. Eine Freisprechanlage für mehrere Handys. Navi-Display. Vier Funkkanäle. Einen Kanal für das Tour-Radio. Einen für die Gespräche mit den Fahrern aus dem eigenen Rennstall.

Einen für das Personal und einen, um per Suchlauf die Kommunikation der Konkurrenz mitzuhören. Das sieht man dem Auto von außen gar nicht an. Auf dem Dachträger neun Bikes. Vier komplett aufgebaut, die restlichen ohne Vorderräder. Meine Ersatzmaschine ist hinten rechts montiert, dort, wo der Mechaniker den Standstreifen nutzen kann und am schnellsten Zugriff hat. Wenn er nicht bald die Scheibe schließt, wenn sich unser Mannschaftswagen nicht bald wieder zurückfallen lässt, haben die Stammeskrieger alles gekriegt, was sie wollten. Ich schwitze. Ich fahre. Ich gebe nicht auf.

V

Stone Town, Hakuna Matata

DEN FEUERLÖSCHTEICH KÖNNTE MAN AUCH GETROST FÜR keinen Feuerlöschteich halten. In der Mitte eine Insel. Bäume und Bänke am Ufer. Zwölf Tische auf der Restaurant-Terrasse. Jede volle Stunde setzt ein Boot zum Eiland über. In den Stoßzeiten bleiben die Insulaner lieber am Strand. Sie haben sich angewöhnt, sowohl die Frauen als auch die Männer, an den Tagen, an denen sie dazu neigen, den Indischen Ozean mit ihren Füßen zu betreten, den Indischen Ozean in Zandschow mit ihren Füßen zu betreten.

JEDES JAHR UM DIESE ZEIT ORGANISIERT WOLF AM WASser das Darajani-Fest. Er spannt Hängematten zwischen den Bäumen auf, lässt Kanus aus dem Landesinneren an die Strände ziehen, verteilt Obst und Gewürze an das Partyvolk, schenkt Windhoek Lagerbier auf eigene Kosten aus und organisiert die Überfahrten zur Insel. In den Stoßzeiten bleiben sie lieber auf dem Eiland und besetzen alle zwölf Tische. Sollen doch alle anderen zum Nakupenda Beach rüberrudern, wenn es ihnen hier zu voll ist. Die Arbeitersiedlung von ChemCoast ist nahezu unbewohnt. Erst die Industrie, dann die Unterbringung für die Werktätigen, aber in umgekehrter Reihenfolge. Claasen ist nur selten zum Schlafen dort. Spartanische Einrichtung. Matratze. Tisch. Stuhl. Wandschränkchen. Stehlampe. Hometrainer. Das Halsband am Fensterknauf. Seine Tür verriegelt er dann von innen mit einem Balken.

DIE NÄCHTE VERBRINGT CLAASEN MIT DEN ARBEITERN an der Küste. Wer sich bei Wolf mit Bier versorgt, darf für eine halbe Stunde nach Sansibar und hat einen freien Internetzugang. Wolf besitzt alles, um aus Zandschow herauszukommen. Um aus Zandschow herauszukommen, bleibt er in Zandschow. Äffchen auf Treibematten in der Lagune. Und anstelle eines Sonnenuntergangs ein paar Palmen und Flamingos in einem der vielen unverkennbaren Salzseen dieses Kontinents. Ob ihn die Affen durch den Urwald rollen. Ob seine Stimme im Ernstfall nachbearbeitet wird. Ob es Wörter gibt, die keine Alternative haben. Ob sie wissen, dass mit Sentimentalitäten keine Liebe wieder in Ordnung zu bringen ist. Ob sein neues Leben sein altes Dasein nur überrumpelt hat. Ob all die Frauen schon schlafen. Ob der Weltkrieg im Erdgeschoss vorbei ist. Ob Weißäuglein wieder umkippt. Ob sich das Leben hier lohnt. Aber alles in umgekehrter Reihenfolge. Aber auch, ob die kleinste Revolution an einem Wochenende beginnt.

DIE PFLASTERSTEINE DER VERLAATSRASSE HATTEN EINEN Trauerfall in ihrer Familie. Claasens Jahr in Levenhaug war um. Seine Zeit mit Silje und Weißäuglein war um. Was er gerade in diesem Erdgeschoss gesehen hatte, veränderte jäh seine Biographie. Der neue Mann. Die alte Hündin. Das Insulin. Zu Hause lag nur noch wenig, was an ihn erinnerte. Er nahm das Hundehalsband aus der Kommode und legte es auf das abgerundete Armaturenbrett seines Wagens. Er würde jetzt bestimmt auffallen mit seinem Fahrstil. Er fiel jetzt auf mit seinem Fahrstil, denn Claasen hatte sich vorgenommen, sein Auto so vorsichtig, langsam und gleichmäßig zu bewegen, dass das Halsband so lange wie möglich auf dem Armaturenbrett liegen blieb. An der Stelle, an der es herunterfiel, wollte er anhalten und ein neues Leben beginnen. Man musste Claasen schon kennen, um ihm so etwas auch wirklich abzunehmen. Er hatte drei Versuche, um auszuschließen, künftig in einem Wald, in einem Kornfeld oder in einem Flusslauf leben zu müssen, falls der Flusslauf gleich neben der Straße liegend zum Stehen kommen würde. Das Ortsausgangsschild von Levenhaug zählte noch nicht zu den drei Versuchen. Dem Pflasterstein war weder eine Absicht zu unterstellen. Er hatte sich weder in der Adresse geirrt. Er hielt sein neues Zuhause weder für eine Übergangslösung. Er hatte sich sein Leben im Alter weder anders vorgestellt. Seine Reise war weder für ihn verhängnisvoll. Sein Verhalten lag weder in der Natur der Sache. Er hatte weder um Einlass gebeten. Ihm war weder ein Versäumnis vorzuwerfen. Er hatte entweder seine Familie verlassen. Er hatte weder das Aussehen des fremden Mannes in Mitleidenschaft gezogen. Silje hatte die schönsten. Ihm war entweder eine Absicht zu unterstellen. Aber Silje hatte die schönsten. Er hatte sich entweder in der Adresse geirrt. Silje hatte von allen die schönsten. Entweder hielt er sein neues Zuhause für eine Übergangslösung. Silje hatte nicht nur die schönsten. Er hatte sich sein Leben im Alter entweder anders vorgestellt. Silje hatte neben den schönsten. Entweder war seine Reise für ihn verhängnisvoll. Silje hatte außer den schönsten. Sein Verhalten lag entweder in der Natur der Sache. Hätte Silje nicht die schönsten. Er hatte entweder um Einlass gebeten. Silje hatte die schönsten. Entweder war ihm ein Versäumnis vorzuwerfen. Aber Silje hatte wirklich von allen die schönsten.

WEISSÄUGLEIN, BELLEND, IN EINER STARREN, KNISTERNden Pfütze. In einem flachen, für die Pfoten, einem flachen, überschaubaren, sich für die Pfoten auf dem Teppich sammelnden, völlig verblödeten Gewässer. Claasen brauchte einen Weltkrieg im Erdgeschoss. Von seiner Hündin einmal abgesehen, war die Wohnung in der Verlaatstraße fast leer.

Maximal zwei Personen. Unruhiger, kümmerlicher Flusslauf. Lakritzpralle Pfoten.

DAS ZERREISSEN ALTER BRIEFE AUS DEM ZWANZIGSTEN Jahrhundert. Mein lieber Vater, sechsundzwanzigster Februar, neunzehnhundertfünfundsiebzig, durch dein Wegbleiben und Wiederkommen, durch dein einmaliges Ausgehen mit meiner Mutter heute Abend, durch das Schreien meiner Schwester, durch das unberührte, durch euer von allen guten Geistern verlassenes, immer nur einseitig belegtes Ehebett ist mir eben hinter der Gardine klar geworden, dass ich Gott gesehen habe durch dein Wiederkommen und Wegbleiben, durch dein Ausgehen mit meiner einmaligen Mutter heute Abend, durch mein Schreien, durch das unberührte, durch euer von meiner Schwester verlassenes, immer nur einseitig belegtes Ehebett, durch dein abenteuerliches Fehlen mir gegenüber immer nur einseitig belegtes Geschwisterbett. Neunzehnhundertfünfundsiebzig war überhaupt ein gutes Jahr für die DDR-Führung. Denn es gab »Die Männer von Saint Malo«. Die Franzosen, die in dieser Serie in Saint-Malo und in der Karibik auf den Weltmeeren gegen die Engländer und Spanier kämpften, hatten ebenfalls gute Piraten. Nicolas de Coursic war unser zweiter Held, falls zum Fasching zu viele von uns als Francis Drake gehen wollten. Die erste Folge war an einem Montag zu sehen. Die Golden Hind war die Sémillante, aber in umgekehrter Reihenfolge. Die kleinste Revolution konnte daher in den nächsten sechs bis zwölf Wochen nur an einem Dienstag beginnen. Neunzehnhundertfünfundsiebzig war überhaupt ein gutes Jahr für unsere Eltern. Samstags gab es Zitronentörtchen von Gager, an den Sonntagen lief Francis Drake, und montags nannten wir uns Nicolas de Coursic.

AUF DIESEM BILD HIER BIN ICH ZEHN JAHRE ALT. DER Schatten über meinem Gesicht gibt sich die unbändigste Mühe, frei zu sein von Zauber. Zwanzig Jahre später sind meine Mama und ich zusammen auf dem Leipziger Weihnachtsmarkt. An einem Stand mit Schnitzprodukten aus dem Erzgebirge nimmt sie einen gewundenen, etwa fünf bis sieben Zentimeter langen Schlüsselanhänger, einen Handschmeichler, zwischen Finger und Daumen. Sie bewegt sich damit auf mich zu, aber natürlich nur, um mir diesen Schatz zu zeigen, etliche Meter vom Stand entfernt. Wir fliehen durch die Menge. Scharfschützen auf allen Dächern der Umgebung. Phantombilder an Litfaßsäulen. Hinter der Gardine habe ich Gott gerochen. Sachdienliche Hinweise der Bevölkerung. Mit gefalteten Händen. Zeugenaussagen von Touristen. Staub und Stoffrückstände von Haaren. Auswertbares Überwachungsmaterial vom Weihnachtsmarktbetreiber. Ein unbelehrbarer Betender. Mit meiner Hilfe ist meine Mama über viele Jahre die meistgesuchte Frau Deutschlands, amerikanische Außenministerin, eine hochdekorierte Mathematikerin und die ständige Geliebte von Richard Gere. Mit meiner Hilfe kostet eine Briefmarke in ihren Augen über eine Million. Wenn ich sie nicht einmal beim Telefonieren zum Lachen bringe, verliere ich meine Zulassung als Geschwistertier. Mein über alles geliebter Sohn, es gibt ein Geheimnis, das ich mit ins Grab nehmen muss. Meine über alles geliebte Mutter, deiner unbändigen Liebe mir gegenüber habe ich es zu verdanken, dass aus mir ein Mensch geworden ist, der längst mit all deinen Geheimnissen vertraut ist und sie bis zuletzt für sich behält. Wenn du zu Besuch warst und wir uns betranken, wählte ich für dich die Nummern deiner verheirateten Liebhaber. Warum wolltest du, dass ich die Stimmen der Frauen hörte und nicht du. Deine Sehnsucht nach ruhigen Männern mit blauen Augen und einer hohen Intelligenz überraschte mich nie. So etwas war zwischen Zandschow und Höverlake, auf Verkehrsinseln, in Wäldern und auf Parkplätzen nie für dich zu finden. Scheiß auf all die Quellen. Du hast aus mir mit deiner ungezügelten Liebe ein außerordentliches Reh gemacht. Aber zwei dieser Rehe vertrug unsere Familie nicht. Ich hatte das Gefühl, mit dir allein aufzuwachsen. Kein Vater, der meine Zeugnisse oder Inlandseinsätze an der Küste kontrollierte. Ich konnte in größter Liebe ein Idiot sein und meine Zimmerwelt dekonstruieren. Bis ich sechzehn war, habe ich mit Indianern gespielt, in den Gebirgen umgekippter Sessel, in den getrockneten Flussläufen von Blechautobahnen und Teppichrandverwerfungen. Mit siebzehn war ich das erste Reh in Norddeutschland, das Gedichte schreiben wollte. Du, meine liebste Mutter, warst immer die Erste, die sie am Telefon zu hören bekam. Nur ein einziges Mal wurdest du still und batest mich darum, eine Stelle zu korrigieren.

VIELLEICHT, VATER, ABER BESTIMMT NUR, WENN ICH VOR dir sterbe, würdest du begreifen, dass du mit deiner sturen Überlegenheit mir gegenüber unrecht gehabt hast. Nur die Hunde, die ich mit nach Hause brachte, wussten sich zu wehren. Einer von ihnen setzte sich nach ein paar Tagen mitten auf dein Ehebett, Vater. Er schiss die glatt gespannte rote Überdecke voll, die Decke mit den Fransen an allen drei Seiten. Bandy sollte sofort aus dem Haus. Unvorstellbar, dass ein Lebewesen so genau zielen konnte, direkt ins Zentrum einer nie dagewesenen Beziehung.

NEUNZEHNHUNDERTSECHSUNDSIEBZIG WAR ÜBERHAUPT ein gutes Jahr. Das Jahr der Ausbürgerung des Liedermachers. Das Jahr der Bellamy Brothers. Das Jahr, in dem der Roadie Larry Williams aus Neil Diamonds Begleitband den

Song *Let Your Love Flow* komponierte, einen Song, den Diamond nicht wollte. Aber die Bellamy Brothers wollten ihn, ihren Nummer-eins-Hit für immer. *Ein Bett im Kornfeld. Ein Korn im Feldbett. Wenn die nach vorn fällt.* Das Jahr der Ausbürgerung des Liedermachers war das Jahr des Paradigmenwechsels im nationalen Liedgut. Das Jahr der Coversongs. Das Jahr, das nie mehr zu Ende gehen wird. Aber Neil Diamond schaffte es doch auch ohne dieses Lied. Wenn wir noch ein wenig durchhalten, sehen wir Jürgen Drews, Julia Engelmann, Nora Gomringer, Mike Krüger und Fips Asmussen vielleicht im Vorprogramm von Julia Engelmann bei einem Konzert auf der Waldbühne. Eine Fachkraft für Veranstaltungstechnik richtet die Boxen aus und stimmt Julias Gitarren.

VERLASSEN VON BRIEFEN AUS DEM EINUNDZWANZIGSTEN Jahrhundert. Mein lieber Larry, Mansfeld, achtundzwanzigster Februar zweitausendneunzehn. Wo steckst du, ich hoffe, du bist wohlauf. Hast du noch Kontakt zu Howard und David von den Bellamy Brothers. Ihre *Simply The Best*-Platte, die sie zweitausendzwölf zusammen mit DJ Ötzi produzierten, lief bei mir damals rauf und runter. Besonders das Lied *Like a Star, Ein Stern, der deinen Namen trägt.* Lass uns bitte zusammen mit Nora Gomringer und Julia Engelmann zu Onkel Jürgen fahren und gemeinsam mit ihm deinen alten Erfolgshit singen. Es geht schließlich um nichts Geringeres als den großen Zusammenhalt der unvergänglichen und der künftigen Bühnengenerationen. Wir könnten Fips Asmussen und Mike Krüger in unsere Begleitband holen. Die Bühne gehört doch uns allen. Wir sollten alle nur noch singen. Wir sollten alles nur noch singen, Larry, sonst hört uns niemand mehr zu. Wir sollten *Ein Bett im Kornfeld* beim International Poetry Slam in Bamberg zu unserer *Todesfuge* machen. Wenn einer zur Arbeit geht, den Stift hebt und dafür umkommt, ist es endlich an der Zeit, die Stifte niederzulegen. Wir werden singen. Wir müssen unsere Gedichte auf die großen Bühnen bringen. Wir haben die moralische Verpflichtung, unserer historischen Aufgabe gewachsen zu sein. Wir brauchen Waggons und Koffer in Gedichten. Wir müssen sie alle zu Tränen rühren. Wir müssen sie alle davon ablenken, dass wir uns mit diesen kalkulierten Inszenierungen unangreifbar machen und die humanistischen Ideale kultureller Gerechtigkeit verraten.

Wir fahren jetzt los. Wir halten nicht mehr an. Wir sind uns einig. Wir verbrennen Schichtbusse und LKWs. Wir verbrennen die Sicherheitsabstände selbst. Wir sind noch im Probejahr. Wir finden in einer aufgebogenen Münze Platz. Wir sollten uns in der Sorgfalt dieser Einöde nicht vom Gegenteil überzeugen lassen. Wir haben Probleme vom Sitzen. Wir unterdrücken die Taubheit im Bein mit Sport1-Clips. Wir haben sogar Hafermilch im Haus. Wir haben Angst vor wilden Tieren im Wald. Wir hätten gern Kabelbinder bei uns. Wir haben noch nicht gefrühstückt bei diesem Wetter. Wir haben die heitere Zudringlichkeit dieser Region vorausgesehen. Wir nehmen den Feierabendverkehr als ein Zeichen der Friedlosigkeit. In Mansfeld City strömen Rettungsgassen zum Horizont, die Scheibenwischer lenken die Niederschläge aus den Hausgelenken, wir werden unsere Ungeduld verpassen, nur Dunstadressen an der Fahrerseite, wir würden uns ja auch vor Gase werfen und vor zu leichte Meere, die uns nerven, im Südharz geht das Nichtstun in die Breite, ich habe arbeitslose Güterschienen gesehen, die sich anstelle einer Weide hinter den Hügeln sonnten, nichts als Schrott, die Pferde sollten Meereszungen dienen und selbst Geländegängen in die Kreide, das Saufen nach den Fahrten gilt auch Gott. Wir wollen alle immer zu schnell nach

Hause. Wir müssen heute noch schön werden. Wir denken an die erste Zeit ohne Stützräder zurück. Wir verbrennen Stützräder und Stechuhren. Wir belächeln die Zivilisationskrankheiten. Wir telefonieren nicht mehr mit Toten. Wir beachten die Zollbestimmungen für Armbrüste und Panzerglas. Wir bewaffnen uns mit unserem Erbe. Wir wollen unseren Aufenthalt in einer gebogenen Münze selbst finanzieren. Wir fahren jetzt los. Wir halten nicht mehr an. Wir sind uns einig. Wir übertreiben es mit der Geschwindigkeit nicht. Wir sind ausgeschlafen. Wir sind nicht ganz bei Trost. Wir haben die Vorwahl der Gewächshäuser im Kopf. Wir haben unser ganzes Hab und Gut im Kofferraum. Wir haben der Anwesenheit der Türsteher vor den Gewächshäusern nie allzu viel Gewicht beigemessen. Wir hoffen, dass ihr zusammenbleibt, wenn wir weg sind. Wir finden in einer aufgebogenen Münze Platz, in der uns niemand schreien hört. Wir sollten alle nur noch singen. Wir sollten alles nur noch singen, Larry, sonst hört uns niemand mehr zu.

DAS ZERREISSEN ALTER BRIEFE AUS DEM ZWANZIGSTEN Jahrhundert. Sehr geehrter Herr Vorsitzender des Staatsrates der DDR, sehr geehrter Herr Genosse Ulbricht, Januar, neunzehnhundertvierundsechzig. Unser Putsch gegen den Sultan und seine Elite dauerte nur wenige Stunden. Wir stürmten mit den Milizen drei Polizeistationen, das Postamt, einen Radiosender und eine Landebahn des Flughafens, töteten Hunderte Araber und sperrten Tausende von ihnen in unsere Lager. Als sozialistische Volksrepublik nach dem Vorbild Chinas und der Sowjetunion geben wir hiermit die völkerrechtliche Anerkennung Nordkoreas und Ihres Landes bekannt. Die Gewürznelkenernte wird wohl in diesem Jahr ausfallen und Sansibar wirtschaftlich ruinieren, denn die Pflanzen sind von einer Krankheit befallen. Fünfundachtzig Prozent der Einnahmen stammen aus dem Export unserer Nelken. Wir haben Angst, dass die jungen, gut ausgebildeten Fachkräfte auf das afrikanische Festland auswandern. Schön, dass Sie so schnell auf unsere Geste der Verbrüderung reagiert haben. Ihr großzügiges Geschenk, hier, als Zeichen unserer neuen, sozialistischen Verbundenheit, Plattenbauten errichten zu wollen, nehmen wir dankend an. Wir möchten Ingenieure aus Ihrem Land ermutigen, sich auf unserer Insel nach geeignetem Bauland für diese Projekte umzusehen. Dreistöckige oder fünfstöckige Wohnsiedlungen für die Ärmsten sucht man hier bisher vergeblich. Sollte es zur Baulandgewinnung erforderlich sein, die Hütten und Häuser der Randbewohner abzureißen, stehen wir einer Zwangsverpflichtung dieser Menschen zur Arbeit selbstverständlich nicht im Wege. Wir bezweifeln aber, dass der Wasserdruck hoch genug sein wird, um die Versorgung mit Trinkwasser auch noch ab der dritten Etage gewährleisten zu können. Ich habe meiner sechshundert Mann starken Armee den Befehl gegeben, alle Araber zwischen achtzehn und fünfundzwanzig Jahren besonders streng zu überwachen. Schwangere und ältere Frauen sollen verschont werden. Jungfrauen sind von den Vergewaltigungen ausgenommen. Die Europäer haben hier aber nichts zu befürchten.

Ich habe mir diesen Brief von den Genossen in Kuba übersetzen lassen. Es kann sein, dass ich hier nicht mehr lange erwünscht bin. Für die Revolution war ich gerade gut genug. Der Sultan ist vertrieben. Uganda weit entfernt. Das Land gehört wieder uns. Hochachtungsvoll, Ihr John Gideon Okello, Feldmarschall von Sansibar und Pemba.

ICH KANN NICHT VERHEHLEN, DASS MIR DIE BEIDEN Sklaven bei Getränke-Wolf Angst machen. Aber mein Hundehalsband hat für mich entschieden. Ich werde in Zandschow bleiben. Wolf hat diesen Laden nach dem Tod seiner Eltern geerbt. Im hinteren Lager steht eine Sonnenbank aus der Prestige-Serie von Ergoline. Wie hier UV-Licht und rotes Beauty Light per Knopfdruck zur Wunschbräune führen, bringt einen schier um den Verstand. Hautpflege inklusive. Über dreihundert ausgesuchte Farben und Lichtanimationen im Innenraum. Sansibar, Apfelblüten. Afrikanische Biere in den Regalen. DjuDju Banane. Mongozo Palmnut. Windhoek Lager. Wolf vertickt die Getränke zu Schleuderpreisen. Seine Großeltern hatten ihren Kindern viel Geld hinterlassen. Um aus Zandschow rauszukommen, blieben sie in Zandschow. Kauften technisch hochwertige Geräte. Eine Sonnenbank und einen Primera LX 900e Vollfarb-Etikettendrucker mit separaten Tintentanks für Zyan, Magenta, Gelb und Schwarz. Das DjuDju Banane schmeckt wie Maternus Gold ohne Banane. Das Mongozo Palmnut könnte man mit einem Perlenbacher Pilsner verwechseln. Und das Windhoek Lager neigt zur bitteren Frische eines Grafenwalder Strong. Wolf bringt neben den Getränken auch noch Waren des täglichen Bedarfs an den Mann. Wer sich bei ihm mit Bier versorgt, darf für eine halbe Stunde nach Sansibar. Seine Verbindungen in die Stadt sind bekannt. Er ist mit vielen Künstlern und Betriebswirten aus der Umgebung befreundet. Die selbst entworfenen Etiketten auf den Flaschen treiben den Alkoholgehalt in die Höhe. Palmen im Horizontboden. Plattenbauten. Ein Felsen im Meer. The Rock. Michamvi Beach. Zwölf Tische auf der Restaurant-Terrasse. Jede volle Stunde setzt ein Boot zum Eiland über. In den Stoßzeiten bleiben wir lieber am Strand. Wir haben uns angewöhnt, sowohl die Frauen als auch die Männer, an den Tagen, an denen wir dazu neigen, den Indischen Ozean mit unseren Füßen zu betreten, den Indischen Ozean in Zandschow mit unseren Füßen zu betreten. Die Neubaugebiete Kikwajuni und Michenzani sind die schönsten in Stone Town. Keramik-Toiletten und fließendes Wasser.

WEISSÄUGLEIN, BELLEND, IN EINER STARREN, KNISTERNden Pfütze. In einem flachen, für die Pfoten, einem flachen, überschaubaren, sich für die Pfoten auf dem Teppich sammelnden, völlig verblödeten Gewässer. Unruhige, kümmerliche Fensterfront. Lakritzpralle Pfoten.

VERLASSEN VON BRIEFEN AUS DEM EINUNDZWANZIGSTEN Jahrhundert. Böhlen, dritter März, zweitausendneunzehn. Mein liebes fünftes Teelicht, es wäre so schön gewesen, heute nichts zu trinken. Vom Wohnzimmer aus kann ich vereinzelte, dümmliche Wasserwirbel auf der Pleiße sehen. Aber die Autos auf der Fernverkehrsstraße fahren alle in stupiden, ideenlos beiläufigen, beinahe gleichmäßig anmutenden Intervallen, fahren alle nicht nach Hause. Überholen sich jeweils zwei von ihnen zur gleichen Zeit in den entgegengesetzten Richtungen, überholen sie sich für einen Augenblick schon etwas weniger. Es stellt ein Alterswagnis dar, mein liebes fünftes Teelicht, das geräuschlose Verkleinern des Mindestabstands zwischen den Autos da draußen mit einer bedächtig von links nach rechts geschobenen, oben an der Stange hakenden, störrischen, nicht mehr zu Ende gedachten Gardine für eine unverrückbare Löschung aufeinander zugeifernder, zuweilen fast schon verstockter Lichtpegel verantwortlich zu machen. Mein liebes fünftes Teelicht, ich bin noch alte Schule, fick und liebe. Wenn dir die minzfertigen Stockwerke der Wolken vor dem Fenster zu viel werden, entscheide dich für eine Herde ungeimpfter Erwachsener und verschwinde.

DREIMAL WAR ES MIR ERLAUBT, ANZUHALTEN UND DAS Halsband wieder in eine günstigere Position zu rücken, näher zur Frontscheibe hin. Für einen Augenblick überlegte ich damals, ob sich die Warnblinkanlage und der Fahrtrichtungsanzeiger die gleichen Lichtquellen teilen und es dadurch zu Frequenzüberlappungen kommen könnte. Keine Häuser. Keine Viehzuchtanlagen. Ich fuhr und fuhr. Das Bild des Mannes mit der Insulinspritze vor Augen. Ich brauchte einen Weltkrieg im Erdgeschoss, der Weißäuglein verschonte, einen Krieg, gleich nach der Spritze.

DAS VERLASSEN VON BRIEFEN IM EINUNDZWANZIGSTEN Jahrhundert. Böhlen, erster März, zweitausendneunzehn. Meine liebe vierte Frau, auf Myspace war ich mal mit Björk befreundet. Ich bin jetzt tot, aber das ist gerade meine geringste Sorge. Gib mir doch wenigstens die Chance, dich zu vernachlässigen.

VI

Darajani, Tischgebete

WENN DAS BEGLEITEN EINES HALSBANDES DURCH DIE Dörfer nicht so schön wäre, könnte es auch langsam dunkel werden. Der Scheibenwischerhebel rechts am Lenkrad war vorerst nicht zu bedienen. Reine Vorsichtsmaßnahme. Ich sagte in der sich allmählich ausbreitenden Dämmerung das Alphabet auf. Wenn beim Aussprechen der Buchstaben H, M, P und Y jeweils links oder rechts ein Baum am Straßenrand stand, kam ich in dieser Nacht noch unzählige Kilometer weiter. Abweichungen von zwei bis fünf Fuß waren erlaubt. Wir wollten nicht kleinlich sein. Fast die gleiche Anzahl Bäume zu beiden Seiten der Fahrerkabine. Landstraße, Autobahn, aber in umgekehrter Reihenfolge.

EINE FINGERSPITZE MIT TRAUBENZUCKER IN DER DUNkelheit. Das Hundehalsband vor dem Abgrund. Die Fußbodenmatte war das Straßenpflaster, aber in umgekehrter Reihenfolge. Zandschow. Zandschow. Den Namen dieses Dorfes hatte Claasen schon einmal irgendwo gelesen, irgendwo gehört. Er erinnerte sich. Wer kann das heute schon noch. Es war noch gar nicht so lange her, seit die amtierende Regierung den Beschluss gefasst hatte, für einen Zeitraum von zwölf Monaten, auf der A7, zwischen den Abfahrten Zandschow und Höverlake sämtliche Unfälle zu untersagen. Dabei handelte es sich um einen Streckenabschnitt von siebzehn Kilometern, von denen vier Komma fünf Kilometer allein den Schrittwechseln der Tiere vorbehalten waren. Falls sie es tagsüber oder nachts unbemerkt auf die bewaldeten Inseln zwischen Landstraße und der fast parallel verlaufenden Autobahn geschafft hatten und es hoffentlich nicht versäumt wurde, auch hier dieses Gefahrenschild aufzustellen. Aber solch ein Hinweis würde wohl eher auf einer Chaussee fehlen, stünde dem Verkehrsamt für die Bewegungsinstinkte des Wildes nur noch ein Schild zur Verfügung. Bei Zuwiderhandlungen, bei zu registrierenden Unfällen, fielen neben der Schadensabwicklung außerdem noch hohe Geldstrafen an. Die Menschen in dieser Region hatten die Wahl, auf Unfälle zu verzichten.

SELBSTBEWUSSTE ÄRZTE UND FASANE, SICH LANGWEILENDE Rehe, Nachtschwestern, Versicherungsangestellte, Autoschlosser, Krankenwagenfahrer und Mitarbeiter des örtlichen Abschleppdienstes. Sie alle könnten für ein Sabbatjahr nach Cartagena gehen. Dort gibt es keine derart unsinnigen Regierungsbeschlüsse. Mir ist aber nur der Fall eines Rehs bekannt, das diese Möglichkeit nutzen möchte. Mit der Familie ist noch zu sprechen. Eine Auslandskrankenversicherung sollte möglichst zeitnah abgeschlossen werden. Sollte dem Reh in der Küstenstadt etwas zustoßen, gehören zu den Serviceleistungen der DKV die Vermittlung eines medizinischen Dolmetschers und die Organisation einer Besuchsreise durch Angehörige. Nachtschwester Ines ist noch unentschlossen. Die ständigen Gerüchte über die Departamentos del Chocó und de Norte de Santander in den abgelegeneren Teilen Kolumbiens. Landminen und Scopolamin. Zandschow hingegen ist ein Nest im äußersten Norden. Ein Feuerlöschteich im Zentrum. Wohncontainer. Getränke-Wolf. Apfelbäume. Wenn hier alle stranden, denen bei diesem Huckelpflaster ihr Hundehalsband vom Armaturenbrett rutscht, braucht man sich um diese Walachei keine Sorgen mehr zu machen. Ich habe nachgeholfen. Bin rechts rangefahren. Zandschow.

MEIN AUSSTEIGEN DAUERTE MONATE. DAS HALSBAND stellte sich quer. Sonntags. Kaum Betrieb. Wäre ich hier nur an einem Dienstag oder Donnerstag rechts rangefahren. Die großen Abstände zwischen den Trauerweiden am Teich verhindern die Gedanken an Nahrung, Genussmittel und Wohnraumbehörden. Aber in umgekehrter Reihenfolge. Mein Aussteigen ist auch immer wieder das Einsteigen. Ich sehe nach, ob ich meine Papiere und Dokumente im Handschuhfach vollständig beisammenhabe. Die ADAC-Karte brauche ich gerade am wenigsten. Ihre Helligkeit nervt. Im Halsband selbst gibt es für die verbrauchte Luft kaum Möglichkeiten zu wenden. Nach einigen Tagen und Wochen, ich fuhr immer an der gleichen Stelle rechts ran, war mir aufgefallen, dass ich mit den Einheimischen eher beim Einsteigen ins Gespräch kam als beim Aussteigen. Einige Kilometer vorher ließ ich das Fenster auf meiner Seite herunter. Die Gegend wirkte arm, aber nicht gefährlich. Ich stieg aus und wieder ein. Am Teich. Zwischen den Bäumen. Aus und wieder ein. Aber in umgekehrter Reihenfolge. Ich war nachlässig gekleidet. Auf dem Beifahrersitz lagen weder Bücher noch großspurige Zeitungen. Ich legte das Halsband ans Ufer und versuchte, aus einiger Entfernung, mit Steinen das Gleichgewicht im Innern herzustellen. Hatte ich den fünften Stein im Kreis platziert, durfte ich hierbleiben. Um die hilflose Art, hierbleiben zu wollen und von den Dorfbewohnern aufgenommen zu werden, noch etwas mehr zu betonen, bemühte ich mich im Sitzen darum, die Steinchen ins Zentrum zu befördern. Hatte ich den siebzehnten Stein im Kreis platziert, musste ich zwölf Steine wieder rausnehmen. Ich hoffe, dieses Besiedelungsmodell findet hier keine Anwendung. Keine Sorge. Ich steig ja schon wieder ein.

ICH KANN NICHT VERHEHLEN, DASS MIR DIE BEIDEN Sklaven bei Getränke-Wolf Angst machen. Aber mein Hundehalsband hatte für mich entschieden. Ich sollte in Zandschow bleiben. Wolf hat diesen Laden nach dem Tod seiner Eltern geerbt. Im hinteren Lager steht eine Sonnenbank aus der Prestige-Serie von Ergoline. Wie hier UV-Licht und rotes Beauty Light per Knopfdruck zur Wunschbräune führen, bringt einen schier um den Verstand. Hautpflege inklusive. Über dreihundert ausgesuchte Farben und Lichtanimationen im Innenraum. Sansibar, Apfelblüten. Afrikanische Biere in den Regalen. Wolf vertickt die Getränke zu Schleuderpreisen. Wer sich bei ihm mit Bier versorgt, darf für eine halbe Stunde nach Sansibar. Seine Verbindungen in die Stadt sind bekannt. Er ist mit vielen Künstlern und Betriebswirten aus der Umgebung befreundet. Die selbst entworfenen Etiketten auf den Flaschen treiben den Alkoholgehalt in die Höhe. Palmen im Horizontboden. Und anstelle eines Sonnenuntergangs ein paar Flamingos in den vielen unverkennbaren Salzseen dieses Kontinents.

BÄUME UND BÄNKE AM UFER. MICHAMVI BEACH. ZWÖLF Tische auf der Restaurant-Terrasse. Jede volle Stunde setzt ein Boot zum Eiland über. In den Stoßzeiten bleiben wir lieber am Strand. Wir haben uns angewöhnt, sowohl die Frauen als auch die Männer, an den Tagen, an denen wir dazu neigen, den Indischen Ozean mit unseren Füßen zu betreten, den Indischen Ozean in Zandschow mit unseren Füßen zu betreten.

SANSIBAR, DIE WUNSCHBRÄUNE EHEMALIGER FABRIKARbeiter und Hundebesitzer. Um die sichere Rohstoffversorgung über Seehäfen und Pipelines zu gewährleisten, war die ChemCoast im letzten Moment auf die Standorte Voslapp und Rüstersiel ausgewichen, direkt an der südlichen Nordsee gelegen, mit Zugang zu tieferem Fahrwasser. Als das bekannt wurde, gab es am Strand kein Halten mehr. Weil die Dorfbewohner mit dieser Mitteilung zufrieden waren, drückten wir die Eins.

JEDES JAHR UM DIESE ZEIT ORGANISIERT WOLF AM TEICH das Darajani-Fest. Er spannt Hängematten zwischen den Bäumen auf, lässt Kanus aus dem Landesinneren an die Strände ziehen, verteilt Obst und Gewürze an das Partyvolk, schenkt Windhoek Lagerbier auf eigene Kosten aus und organisiert die Überfahrten zur Insel. In den Stoßzeiten bleiben wir lieber auf dem Eiland und besetzen alle zwölf Tische. Rudert ihr doch zum Nakupenda Beach rüber, wenn es euch hier zu voll ist. Die Arbeitersiedlung von ChemCoast ist nahezu unbewohnt. Erst die Industrie, dann die Unterbringung für die Werktätigen, aber in umgekehrter Reihenfolge. Ich bin nur selten zum Schlafen dort. Meine Tür verriegele ich dann von innen mit einem Balken. Spartanische Einrichtung. Matratze. Tisch. Stuhl. Wandschränkchen. Stehlampe. Hometrainer. Das Halsband am Fensterknauf. Die Tage und Nächte verbringe ich lieber mit den Einwohnern an der Küste. Mein Mietvertrag ist der Impfausweis. Keine Vorkommnisse. Der Körper holt Luft. Der Körper tickt. Der Körper ist oft Heimat schwarzer, mitteilsamer Ränder. Meine Adresse ist ein internationales Halsband. Mein Postfach ist ein Teich. Meine Hoffnung auf ein neues Leben ist eine Verschwörungstheorie. Meine Finger am Halsband sind Bestandteile einer altmodischen Hinhaltetaktik. Aber in umgekehrter Reihenfolge. Ich bin jetzt tot, aber das ist gerade eure geringste Sorge. Gebt mir doch wenigstens die Chance, euch zu vernachlässigen. Auf Myspace war ich mal mit Björk befreundet. Einfach so. Ich habe es aber nur meinen besten Freunden erzählt, doch nicht jedem Dahergelaufenen.

ZANDSCHOW IST EIN NEST IM ÄUSSERSTEN NORDEN. EIN Feuerlöschteich im Zentrum. Wohncontainer. Getränke-Wolf. Apfelbäume. Wenn hier alle stranden, denen bei diesem Huckelpflaster ihr Hundehalsband vom Armaturenbrett rutscht, braucht man sich um diese Walachei keine Sorgen mehr zu machen. Ich habe nachgeholfen. Bin rechts rangefahren. Zandschow.

WOLF HAT EINEN STRENGEN WOCHENPLAN ENTWORFEN, um den Tagen Struktur und Würde zu verleihen. Sämtliche Dorfbewohner nehmen daran teil, um den Anschluss an die reale Welt nicht zu verlieren. Montags dient ein ausrangierter Bauwagen als U-Bahn-Waggon, in dem zehn Menschen Platz finden. Zwanzig Einwohner stehen etwa zehn Meter entfernt an einer Linie und stürmen nach einem Tonsignal in das Gefährt. Die sieben bis zehn Menschen, die es nicht in das Abteil geschafft haben, simulieren durch ein starkes Rütteln am Waggon das Losfahren bis ins Stadtzentrum. Am Dienstag wird trainiert, an einem wiederbelebten Geldautomaten zwischen den Bäumen am Feuerlöschteich keine Scheu zu haben, sich in vier bis fünf unterschiedlichen Sprachen zurechtzufinden, um in der Welt nicht leer auszugehen. Mittwochs findet immer die Europakonferenz in den ehemaligen Arbeiterwohnkomplexen statt. Diskussionen über soziale Gerechtigkeit, Altersdemut und Selbstverteidigung. Theorie und Praxis. Lehrbücher und Turnmatten. Internationale Fachreferenten aus Rastede, Berlin und Rüstersiel kommen hier zu Wort. Am Donnerstag werden Konzentration und Fortbewegungsmagie geschult. Zwanzig Zandschower setzen an der Küste zwanzig identische

Plastikschwäne aus und übernehmen zwei Stunden lang die Patenschaft über sie, indem sie sich so an Land bewegen wie die Tiere auf dem Wasser. Um allzu plumpe Körperreaktionen, die zu Gelächter führen könnten, zu verhindern, wird vor diesem Training mittels asiatischer Videofilme angeregt, Tanz- und Tai-Chi-Einlagen in die Bewegungen an Land mit einfließen zu lassen. Es ist strengstens untersagt, den jeweils eigenen Schwan mit Stiften oder Klebematerial zu kennzeichnen. Es steht jedem Einwohner frei, seinem schwimmenden Gefährten einen Namen zu geben, um ihn bei Unbeherrschtheit auf See oder ähnlich gelagerten Zuwiderhandlungen gegenüber seinen Mitstreitern zur Raison zu rufen. Ich nenne meinen Schwan Golli. Bei starkem Wind wird die Übung auf drei Stunden ausgedehnt. Wolf hat die Tiere aus Höverlake holen lassen, aus einem Lager für Strandutensilien und Badezubehör. Bei der Anlieferung wäre es beinahe zu Tumulten gekommen, bis sich endlich alle davon überzeugt hatten, dass sich die Tiere auf der Ladefläche bis aufs Haar glichen. Das war gar nicht so einfach, da jedes einzelne Exemplar, in milchige Plastiktüten gehüllt, auf der Seite lag. An den Freitagen soll jeder der Ortsansässigen mit Papier, Streichhölzern, Früchten und Kalendersprüchen demonstrieren, wie der Weltuntergang manipulativ aufzuhalten sein könnte. Das Wochenende ist allein der Naherholung an der Küste vorbehalten. Die Welt ist das Größte auf der Erde. Fragt doch die Halsbänder. Essen steht auf dem Herd.

DER KÖRPER HOLT LUFT. DER KÖRPER TICKT. DER KÖRPER ist oft Heimat schwarzer, mitteilsamer Ränder. Der Körper kann verlängerte Besuchszeiten für unsere Schmerzen garantieren, falls wir mit ihm kooperieren. Der Körper hat Golli. Der Körper macht sich keine Gedanken. Der Körper hat Regen vor dem Fenster. Der Körper hält Gott für einen Koordinator. Der Körper hat ein Halsband. Der Körper fickt und lacht. Der Körper verlangt nach Gott. Der Körper besitzt Geisteskräfte. Der Körper hat Todesangst. Der Körper zeigt dir die nächste Frau. Der Körper ist ein Vorbestrafter. Der Körper neigt zu Gewalt. Der Körper hält Sansibar und Kolumbien aus. Der Körper zählt Krisengebiete zu seinen Vorfahren. Der Körper beteiligt sich montags am Großstadttraining. Der Körper hat in seiner leichtesten, von allen Zweifeln gereinigten Stunde mit Gott gesprochen. Gott hat genickt. Seine Sagittalebene schien auf die Themenwahl vorbereitet gewesen zu sein. Der Körper würde aber auch gern in Albanien oder Indien Zuspruch erfahren. Mein Körper ist in Zandschow. Und Gott hat genickt, in all seiner muskulären Vollendung, die klandestine Andersartigkeit seiner Hals- und Nackenpartie betreffend, genickt.

VERLASSEN VON BRIEFEN AUS DEM ZWANZIGSTEN JAHRhundert. Stralsund, zwölfter Mai, neunzehnhunderteinundachtzig. Eric Clapton hat nicht angerufen, aber er hat sich irgendwie gemeldet. Die Rolling Stones haben nicht angerufen, aber sie haben sich irgendwie gemeldet. Sie brauchten für das Wochenende einen Begleitmusiker, der so etwas Ähnliches wie eine Stromgitarre zu Hause hatte. Ich holte mir von Gustav Adolf Geetz aus dem Konsum am Knieperdamm sechs Bierflaschen, verschwand in meinem Zimmer, stöpselte meine Gitarre ein, sah kurz zu Eric hinüber, trank einen Schluck, entnahm meiner Geldbörse ein Zehnpfennigstück, das ich als Plektrum benutzte, legte die Schallplatte auf und spielte, bis sich der Arm hob. An jedem Wochenende. Ich war an jedem Wochenende der Begleitmusiker von Eric Clapton und den Stones. Oft reichten die sechs Biere aber nur für ein Konzert am Tag. Keith war darüber mehr als einmal verärgert. Er rief mich zwar nie an, aber er hat sich immer irgendwie gemeldet. Eric Clapton hat nicht angerufen, aber er hat sich immer irgendwie bei mir gemeldet. Die Rolling Stones haben nicht angerufen, aber sie haben sich immer irgendwie bei mir gemeldet. Sonnabend für Sonnabend. Ich war zu Hause, saß in meinem Zimmer und schnitt mir vor jedem Konzert aus den Deckeln leerer Marmeladengläser Gitarrenplättchen in unterschiedlicher Größe und Gestalt. Alle Deckel waren weiß. Nimm Rücksicht auf Wartende. Fasse dich kurz, Eric.

LEG DIE ZWEITE SEITE AUF, LASS DIE TONABNEHMERNAdel im letzten Drittel von *After Midnight* möglichst rillentreu auf die Platte runter, konzentriere dich, Junge, trink einen Schluck und zeig mir bei *Little Wing*, was du an den Wochenenden, an all den vielen Wochenenden auf deinem Instrument gelernt hast. Ich muss mich auf dich verlassen können. Pete und Ronnie können heute nicht mit uns zusammen in Stralsund sein. Sag mir jetzt bitte nicht, dass du auf Nylonsaiten spielst. Ich habe dich nie im Leben angerufen, vergiss das nicht.

DIE NÄCHTE VERBRINGE ICH MIT DEN ARBEITERN AN DER Küste. Wer sich bei Wolf mit Bier versorgt, darf für eine halbe Stunde nach Sansibar und hat einen freien Internetzugang. Wolf hat alles, um aus Zandschow herauszukommen. Um aus Zandschow herauszukommen, bleiben wir in Zandschow. Äffchen auf Treibematten in der Lagune. Und anstelle eines Sonnenuntergangs ein paar Palmen und Flamingos in einem der vielen unverkennbaren Salzseen dieses Kontinents. Ob mich die Affen durch den Urwald rollen. Ob meine Stimme im Ernstfall nachbearbeitet wird. Ob es Wörter gibt, die keine Alternative haben. Ob wir beide wissen, dass mit Sentimentalitäten keine Liebe wieder in Ordnung zu bringen ist. Ob mein neues Leben mein altes Dasein nur überrumpelt hat. Ob Silje schon schläft. Ob der Weltkrieg im Erdgeschoss vorbei ist. Ob Weißäuglein wieder umkippt. Ob sich das Leben hier lohnt. Aber alles in umgekehrter Reihenfolge. Aber auch, ob Silje schon schläft.

EIN REST VON ÜBERLANDWÄRME AUF DER TASTATUR. DIE Arbeitersiedlung von ChemCoast ist nahezu unbewohnt. Erst die Industrie, dann die Unterbringung für die Werktätigen, aber in umgekehrter Reihenfolge. Ich bin nur selten zum Schlafen dort. Spartanische Einrichtung. Matratze. Tisch. Stuhl. Wandschränkchen. Stehlampe. Hometrainer. Das Halsband am Fensterknauf. Meine Tür verriegele ich dann von innen mit einem Balken.

VERLASSEN VON BRIEFEN AUS DEM EINUNDZWANZIGSTEN Jahrhundert. Mansfeld, fünfundzwanzigster Mai, zweitausendneunzehn. Mein liebes drittes Teelicht, es wäre so schön gewesen, heute nichts zu trinken. Ich habe das Apartment für die Tage gekauft, an denen es in der Firma später wird. Vom Arbeitszimmer aus kann ich vereinzelte LKWs auf der B86 vorbeifahren sehen, weil ihre dümmlichen blauen Planen meinen Bohlenzaun Ibiza überragen. Vielleicht findet sich darüber ja etwas in den sozialen Medien. Aus Angeberei oder Unvorsichtigkeit. Ich hätte schwören können, von meiner Fahrerkabine aus, eine frisch aufgeklappte Sonnenliege hinter dem Sichtschutz gesehen zu haben. Das Kopfende zeigte eingeklappt in die falsche Richtung und hätte Schattenspender für ein neues Smartphone sein können. Wenn nicht mal einem LKW-Fahrer in meinem Roman solche Gedanken zugetraut werden, möchte ich nicht wissen, was wir überhaupt noch von der Menschheit erwarten können. Es stellt ein Alterswagnis dar, mein liebes drittes Teelicht, sich dem Leben und den Menschen auf dem Lande überlegen zu fühlen. Asoziale Wolken. Bohlenzäune Ibiza. Die Schönheit auf dem Land ist ein Lieferwagen vor deiner Haustür. Die Schönheit auf dem Land ist ein Riesling im Konsum. Die Schönheit auf dem Land sind die Vierhunderter-Ibuprofen aus der Sonnen-Apotheke. Die Schönheit auf dem Land ist ein Plattenspieler im Antik-&-Trödelladen. In welchem Dorf auf der Welt gibt es schon einen Antik-&-Trödelladen mit Luftgewehren und Plattenspielern. Die Schönheit auf dem Land ist die Schäferhündin gegenüber, die jeden Nachmittag mit ihrem Gesang den Mindestabstand zum Postauto verkleinert. Mein liebes drittes Teelicht, ich bin noch alte Schule. Ich ficke nicht und liebe. Wenn dir die brusthohen Stockwerke der Wolken vor dem Fenster zu viel werden, nimm dir das Luftgewehr und den Riesling und verpiss dich.

VII

Zandschow, GST

WOLF HAT EINEN STRENGEN WOCHENPLAN ENTWORFEN, um den Tagen Struktur und Würde zu verleihen. Sämtliche Dorfbewohner nehmen daran teil, um den Anschluss an die reale Welt nicht zu verlieren. Montags dient ein ausrangierter Bauwagen als U-Bahn-Waggon, in dem zehn Menschen Platz finden. Zwanzig Einwohner stehen etwa zehn Meter entfernt an einer Linie und stürmen nach einem Tonsignal in das Gefährt. Die sieben bis zehn Menschen, die es nicht in das Abteil geschafft haben, simulieren durch ein starkes Rütteln am Waggon das Losfahren bis ins Stadtzentrum.

VERLASSEN VON BRIEFEN AUS DEM EINUNDZWANZIGSTEN Jahrhundert. Zandschow, erster September. Die Hitze ist ein Meisterwerk. Ihr Themenpark verliert an Gewissheit, klemmt die Landschaftsnerven ab. Eine Welt ohne Mutter. Das Brodeln und Rasseln subkutaner Niederlassungen. Schwäne. Schwäne. Die Schwäne. Die Schwäne. Schwäne über Schwäne. Die Schwäne über die Schwäne. Wir haben die Türsteher vor den Gewächshäusern angewiesen, bei zu hohen Temperaturen häufiger die Passwörter zu wechseln. Jupp die Geige. Du Bursche. Ich weiß, deine Sendung fängt gleich an. Hier wäre sonst auch noch Brot. Montags dient ein ausrangierter Bauwagen als U-Bahn-Waggon. Ein Waggon. Ein gelb angestrichener Waggon. Ein Zugwaggon. Was spielt das schon für eine Rolle. Aber nicht auf Schienen. Schienen. Schienen. Die Schienen. Die Schienen. Schienen über Schienen. Die Schienen über die Schienen. Gruber, Hillert, Benter, Teschi, Dettel, Ricky, Mädel, Digger, Mimi, der kleine und der große Grabosch, Li, Bolo, Jerry, Körperchen, Cloud, Sig und Pampel sind nur einige von uns, die es in den Waggon schaffen wollen.

ZANDSCHOW, ZWEITER SEPTEMBER, WIR TRATEN AN DER Linie an, alle. Gruber, sein ehemaliger Kollege, nannte ihn Ricky Rabowski. Er war weder ein Zuhälter noch ein Mädchenhändler. Er trug kein Handgelenktäschchen. Gewöhnlich lief er aber mitten auf der Straße, um auf dem Gehweg nicht in Hundescheiße zu treten. Morgens fuhr er mit der Elektrischen zur Schicht. Er diente als Vorarbeiter in einer Gießerei und kutschierte die Metallstücke, die nicht mehr gebraucht wurden, in einer Lore über das Betriebsgelände. Kam er nach der Arbeit nach Hause, rüttelte er sekundenlang an der Klinke, um sich zu vergewissern, dass die Tür während seiner Abwesenheit auch wirklich verschlossen geblieben war. Falls sie jemals offen stehen sollte, würde er niemals durch den sich weitenden und wieder schließenden Spalt in den Flur spähen und so lange an der Klinke rütteln, bis er sicher wäre, dass die Tür während seiner Abwesenheit doch verschlossen gewesen war. Gott sei Dank war das noch nie der Fall. Entweder sie war von Anfang an zu, oder sie war nur am Anfang und am Ende offen. Als er sich vor ein paar Jahren für diese Wohnung entschied, hatte sie noch keinen Balkon. Sie lag im ersten Stock. Ein paar Wochen nach seinem Umzug standen dann Gerüste am Haus, um solch eine Plattform auch an seiner Wohnung zu befestigen. Sein Vater riet ihm, keinen Wanddurchbruch für eine Terrassentür zu genehmigen, aus Angst, ein paar Ukrainer oder Albaner könnten über diesen Weg in seine Behausung gelangen. Sein Balkon war nur von der Hofseite aus von Ukrainern und Albanern zu benutzen, die sportlicher waren als Gruber und er. Einmal besuchte ihn sein Vater in der Metallbude. Den Trabant hatte er auf der Straße mit einer

Lenkradkralle gesichert und vorsorglich auch noch eine Zündkerze ausgebaut. Sein Besuch dauerte nur wenige Minuten. Er komme Ricky doch nicht besuchen, um sich von irgendeinem Dahergelaufenen seinen PKW Trabant klauen zu lassen, sagte der Vater zu seinem Sohn, als der ihm gerade die Wandaushänge mit den neuen Azubis zeigen wollte. Er hatte noch nie reingehalten. Ricky verfügte über einen Fachschulabschluss als staatlich geprüfter Techniker in Stahl- und Metallbau. Seine Armeezeit war nach ein paar Wochen beendet gewesen. Er hatte insgesamt vier Rudotel-Tabletten geschluckt, dem UvD die leere Medikamentenschachtel gezeigt und sich im Med.-Punkt den Magen auspumpen lassen. Er hatte zwei Nächte durchgeschlafen. Hätte er gewusst, dass sie ihm nach dem Einwerfen von Pfefferminzdragees den Schlauch durch den Hals jagen würden, hätte er wohl sicher die gesamte Armeezeit absolviert. Er hatte noch nie im Leben reingehalten. Rabowski hatte den Wahn, niemanden auf seine Toilette lassen zu können. Den Bauarbeitern, die ihm eine neue Duschkabine einbauten und dafür etwa vier bis fünf Stunden benötigten, gab er zwanzig Euro schon allein dafür, dass sie zum Urinieren oder Scheißen über die Straße in die Gastwirtschaft gingen. Er hatte noch nie in seinem Leben reingehalten. Es ergab sich einfach nie. Er war 54 Jahre alt, dick und sehr glücklich. Seine größte Freude bestand täglich darin, nach der Schicht bei Möbel Porta ein Rindersteak zu essen. Er ernährte sich fast ausschließlich von Fleisch, Joghurt und Pepsi Wild Cherry Cola aus Amerika. Rabowski trank fast nichts anderes mehr. 48 Dosen ohne Versandkosten für nur 69,12 Euro. Sein Americanfood-4-u-Team schickte ihm sogar einen Link, damit er die Stationen des Pakets jederzeit online nachverfolgen konnte. In Levenhaug war es demnach zu einem unvorhergesehenen Zwischenstopp seiner Lieferung gekommen. Ein Zwischenstopp bedeutete ja auch immer eine Temperaturverschleppung an den Rändern der Trinkbehälter. Die Angst, die Lieferung wäre in der Zeit der Dosendämmerung im leicht zu öffnenden Transporter unbeaufsichtigt. Ricky durfte gar nicht daran denken. Seit einiger Zeit hatte er den Wahn, das Wohnzimmer nicht mehr benutzen zu können, da die Wände zur Nachbarwohnung zu dünn waren und er der schönen Schwester von der Herzstation beim Reinhalten zuhören konnte. Mittwochs musste sie immer erst gegen Mittag aus dem Haus. In seinem Schlafzimmer stand jetzt alles, was er brauchte. Das Bett, ein Fernseher und ein Stuhl. Auf Youtube sah sich Rabowski alle Ruhrpottstreifen mit Schimanski an. Dessen M-65 Giant Regiment-Jacke in Beige gab es leider nicht in Rickys Größe. Er hatte den Wahn, seine Küche, das Geschirr und das Besteck schonen zu müssen. Grubers Ex-Kollege aß kniend auf dem Teppich über eine Mülltüte gebeugt, verursachte auf diese Art und Weise keine Krümel auf dem Fußboden. Der neue Golf, den er sich gekauft hatte, stand, mit einer Lenkradkralle versehen, in einer seiner drei Garagen. Bevor er mit ihm fuhr, schonte er ihn erst mal sieben Jahre und verkaufte ihn dann wieder. Rickys Lieblingsauto war ein dreißig Jahre alter Volvo, den er nie bewegte. Er stand in seiner zweiten Garage, etwas außerhalb von Levenhaug. An den Wochenenden waren eh immer zu viele Insekten unterwegs, sodass eine Ausfahrt von Freitag bis Sonntag ohnehin nie in Betracht kommen würde. Rabowski hegte einen ungeheuerlichen Verdacht, was die beiden Hunde der Nachbarin betraf. Gruber behauptete gar, sie hätten neulich, als ihm einmal der Schlüssel aus der Hand fiel, geschwind ein Stück Lehm an die Stelle geschoben, wo der Schlüssel auf den Boden traf, und hätten mit dem entstandenen Abdruck einen Nachbau dieses Öffners veranlasst. Obwohl er sofort das

Schloss auswechselte, konnte sich Ricky des Eindrucks nicht erwehren, dass die Hunde heute bei ihm im Schlafzimmer geraucht haben könnten. Außerdem stand die Heizung nicht auf zwei, als er das Haus verließ, sondern auf drei. Zu Hause trug er nur eine kurze Schlafanzughose. Sein freier Oberkörper war nichts für Ahnungslose. Wenn Ricky the Man im Spiegel seine Figur sah, hatte er den Wahn, eine Magenverkleinerung durchführen lassen zu müssen. Der Antrag lief seit etwa fünf Jahren. Immer kurz vor dem Eingriff sagte er den Termin ab. Er schaffte es nicht mehr. Er schaffte es einfach nicht mehr. Früher waren die Zeiten schöner. Jeden Abend besuchte ihn Roxana, und sie aßen zusammen zwanzig oder sechzehn Brötchenhälften. Wenn Ricky tatsächlich mal mit dem Auto fuhr, hielt er plötzlich an, stieg aus, lief um das Fahrzeug herum und schaute nach, ob er was verloren hatte. Er war ein Leben lang ohne Alkohol ausgekommen, hatte noch nie Drogen genommen oder reingehalten. Einmal war Rabowski in einer Beziehung, die fast ein halbes Jahr ging. Sie hieß Jacqueline Huschert. Die beiden trugen, laut Gruber, beim Sex lediglich ihre Schlüpfer. Immer die gleiche Stellung. Ricky legte sich auf die Couch, und Jacqueline setzte sich auf ihn rauf. Weil sie stöhnte, stöhnte er dann auch. Das kannte er aus Filmen so. Mehr gab es nicht. Ein halbes Jahr lang. Mehr nicht. Während sie sich liebten, hörten sie immer *Angel of Mine* von Frank Duval aus dem Kassettenrekorder. Gruber meinte, dass damit die Bedingungen für den ersten und einzigen Sex in Rickys Leben mehr als deutlich gegeben waren. Rabowski hatte sich immer nur die schönsten Frauen ausgesucht. Seit elf Jahren war er jetzt schon mit Amanda zusammen. Sie saß unschuldig ein. Sie hatten sich noch nie gesehen. Aber eine Frau, die so schön war, konnte keine Mörderin sein. Ansonsten zog er sich stundenlang Tennis im Fernsehen rein. Wenn man ihn fragte, warum er jetzt immer öfter seine Backen aufpumpte und die Lippen aufeinanderpresste, antwortete er, dass er auf diese Weise nichts Böses mehr rufen könne. Die Angst, unbemerkt und ahnungslos seine Nachbarin so unflätig wie nur möglich zu beleidigen, war einfach zu groß. Zum Schlafen trug Rabowski immer eine Maske. Sie sah aus wie eine Badekappe, an deren Unterteil eine Plastikausstülpung mit Schlauch angebracht worden war. In den Nächten blieb er seitdem ohne Atemaussetzer. Würde er das Bild seines Kopfes in der Badekappenmaske einem Erholungsmagazin anbieten, wäre die Welt in Rickys unmittelbarer Region sofort dazu bereit, sich auf einen möglichen Militärschlag mit Giftgas vorzubereiten. Beim Treppensteigen unterließ er dieses Spiel mit den aufgepumpten Backen immer öfter, da er so schon kaum Luft bekam vor lauter Anstrengung. Wenn er Urlaub hatte, buchte sich Grubers Ex-Kollege eine Fahrt mit dem Flixbus nach Berlin und besuchte den Bratwurststand von Konnopke an der Schönhauser Allee. Weil die Nachfrage an den Sonntagen größer war als an den Montagen, nahm der Imbissbesitzer jetzt immer am ersten Tag der Woche frei. Alles in allem führte Ricky ein glückliches Leben, hatte die besten Freunde der Welt und wusste nicht, warum alle immer so viel rumjammerten. Seinen Vertrag mit Sky konnte er auch innerhalb der angekündigten vierzehn Tage nicht wieder rückgängig machen. Einmal Sky, immer Sky. Seine Nachbarin versah seine Türklinke jetzt immer öfter mit Tomaten und Gurken aus eigenem Anbau. Gruber meinte zu ihm, dass die Gurken oder die Tomaten etwas zu bedeuten hätten. Ricky würde sich ja gern bei ihr dafür auf seine Art bedanken, aber die wilden Jahre waren einfach vorbei. Nach dem Tod seiner Eltern gab er seinen Job in der Metallbude auf und zog nach Zandschow, weil er dort ein billiges Häuschen erwerben konnte. Die Eltern hatten ihm etwas Geld vererbt, sodass sein Lebensabend gesichert war. Ricky war eine Seele, aber nicht nur, weil er Wolf an bestimmten Wochentagen beim Abladen der Getränke half. Niemand durfte ihn zu Hause besuchen. Der Luftwiderstand beim Öffnen seiner Tür gehörte nur ihm. Er wollte ihn schonen und wäre nie auf die Idee gekommen, dass die alte Luft bei jedem neuen Eintreten in das Haus schon längst über alle Berge war.

ZANDSCHOW, SECHZEHNTER SEPTEMBER, WIR TRATEN AN der Linie an. Wolf gab das Zeichen. Er feuerte seine Schreckschusspistole ab. Wir stürmten den Waggon. Zwölf von uns gelangten in das Innere. Wir quetschten uns auf den Bänken zusammen. Die Türen gingen automatisch zu. Acht von uns hatten mindestens schon einmal im Leben darüber nachgedacht, dass der Zug nur deshalb anfuhr, weil wir auf den Sitzen hin und her ruckelten, wenn die Abfahrtszeit nur um Sekunden verstrichen war. Fehlende Durchsagen auf den Bahnsteigen in Oldenburg und Sande. In Rastede musste etwas auf den Gleisen gelegen haben. Die acht Zandschower draußen wollten uns das Gefühl vermitteln, dass sie auf ihre gehässige Art machtlos waren gegen die Mitschuld der Niederschläge. Natürlich könnte auch Unrat auf U-Bahn-Gleisen gelegen haben. Kommt mir bloß nicht blöde. Es gibt Unrat aus der Luft oder Unrat, der sich aus den spröden Biegungen der Tunneldecken herauskristallisieren kann. Unrat ist Unrat. Es ist nie vorhersehbar, woher er kommt. Die Säugeleisten der Züge sind auch nicht gerade für lose Mechaniken an der Bauchseite bekannt. Die ersten Herbststürme waren über Norddeutschland hinweggezogen, ob wir nun in einem U-Bahn-Waggon saßen oder nicht. Nach etwa fünfundvierzig Minuten Fahrt sollte jeder mit seiner rechten Hand unter die Bank greifen. An einer Stelle war mit Klebeband ein Zettelchen befestigt, auf dem das Ziel der Reise notiert war. Wer das Papier in den Händen hielt, der durfte Reiseleiter sein. Ausnahmsweise hatte es keine Frau in das Abteil geschafft. Heute ging es in die Hauptstadt. Wir waren alle sehr aufgeregt. Die Fahrt würde knapp vier Stunden dauern. Über Hude und Nienburg. Die acht Zandschower draußen klärte Wolf nach etwa zwei Stunden, während eines witterungsbedingten Zwischenhalts, über die restliche Fahrtzeit auf. Es war völlig ausgeschlossen, die Rückreise aus der Hauptstadt ohne Erdnussflips anzutreten. Wie würden wir sonst vor unseren Freunden und Familien dastehen. In einer Drogerie hatten wir uns alle einen Proviant aus Watte zugelegt. Niemand verließ während des Stadtrundgangs die Gruppe. Zurück im Abteil öffneten wir die Fenster, löschten das Oberlicht und breiteten die Wattebäusche auf dem Boden und auf den Bänken aus, denn die Flips sollten kühl, dunkel und trocken gelagert werden. Nur der Reiseleiter durfte darüber befinden, ob und wer eine der Tüten zu öffnen hatte. Diese Person kam mit ernst zu nehmenden Verlusten in die Heimat zurück. Ausnahmsweise hatte es keine Frau an diesem Montag in das Abteil geschafft, oder sah jemand von euch Dettel, Mimi, Teschi, Jerry, Mädel, Li, Körperchen oder Cloud in unserem Abteil. Na also. War die Tüte erst einmal geöffnet, musste der Inhalt rasch verzehrt werden, da den Flips nachgesagt wurde, sofort ihre zerstiebenden, süchtig machenden Eigenschaften zu verlieren, sobald sie nur die geringste Feuchtigkeit aus der Umgebungsluft gezogen hätten. Nicht mal die Nachbarschaft der anderen Flips im Handgepäck reichte aus, um den anhaltenden Stolz der starren, unbiegsamen Würmer in der Verlierertüte zu garantieren. Fuhr der Zug überhaupt schon, oder war es der Zug auf dem Nebengleis. Wir hatten zwei Stunden lang vergessen, überhaupt in einem Waggon zu sitzen, so sehr waren wir mit unseren Geschenken aus der Hauptstadt beschäftigt. Kein Ruckeln. Keine Äste auf den Gleisen. Die Stationen veralteten in der Dunkelheit. Kein Unrat von oben. Stabile Säugeleisten auf dem Weg in die Heimat. Selbstvergessene Kristalle an den spröden Biegungen der Tunneldecken. Kein Unrat von der Seite. Eines aber hatten alle diese Frauen gemeinsam.

VIII

Bogotá, Dorfschönheit

VERLASSEN VON BRIEFEN AUS DEM EINUNDZWANZIGSten Jahrhundert, Böhlen, siebzehnter September. Ein altes Mädchen sitzt an einem See in einer Bergbaulandschaft. Nur ärmliche Baracken ringsherum. Sie lächelt und sieht glücklich zu einem Schiff hinüber, dem der Sturm an Land nichts anhaben kann. Denn der See hat einen hohen gläsernen Rand. Zu hoch für jeden Wind. Zu hoch für Piraten, die, von angrenzenden Gewässern aus, dem Boot gefährlich werden könnten. Aber es gibt auch keine angrenzenden Gewässer. Nur Felder, Schluchten und die Baracken an den Hängen. Auf dem Mast des Schiffes sitzt ein Papagei und singt *La Paloma*. Der See hatte in einem früheren Leben auch gesungen. Allerdings hatte er ein stark begrenztes Repertoire. Es reichte bei ihm immer nur für den Anfang von *Fuchs, du hast die Gans gestohlen …* Doch selbst mit diesen acht Tönen hätte er sich vor keinem singenden Papagei der Welt verstecken müssen, dachte er. Damals war der See noch jung und hatte die Form einer Flasche. Die Menschen aus der Gegend erzählten verschiedene Geschichten, wie der See entstanden sei an einer Stelle, an der sich vor vielen, vielen Jahren nicht mal die kleinste Regenpfütze länger als ein, zwei Tage gehalten habe. Die Bergleute waren längst weitergezogen. Zerborstene Kräne und stillgelegte, nie mehr zu bewegende Schaufelradbagger in den Niederungen. Eine dieser Geschichten begann so:

AM RANDE DIESER VERLASSENEN LANDSCHAFT STAND einst eine Flaschenfabrik mit einer Glasmaschine. Aus einem Schmelzofen gelangte das flüssige Glas in eine Arbeitswanne und wurde zu einem länglichen Tropfen geformt. In diesen Tropfen wurde über einen Trichter Druckluft eingeblasen. Durch einen kurzzeitigen Fehler in der Produktion war ein Glastropfen zu einer Größe angeschwollen, die es fast erforderlich gemacht hätte, den gesamten Vorgang zu beenden. Aber weil nur eine Flasche von dieser katastrophalen Verformung betroffen war, lief die Produktion einfach weiter. Wenn die gewünschte Flaschenform erreicht war, setzte ein Greifer das fertige Werkstück auf eine Absetzplatte. Von dort aus gelangte die Flasche über ein Laufband in den Kühlofen. Es ging darum, die Flaschen kontrolliert und langsam abzukühlen, damit sich das Glas entspannen konnte. Auf diese Art entstanden grüne, blaue, weiße und braune Flaschen. Milchflaschen, Bierflaschen, Schnapsflaschen, Sektflaschen, Likörflaschen und Saftflaschen. Und inmitten dieser Produkte stand eine weiße, unförmige, viel zu große Flasche, neben Tausenden anderen weißen, grünen, blauen und braunen Flaschen. All diese Flaschen wurden in Kartons verpackt und in die nächstgelegenen Städte gefahren. Unsere Flasche wurde aussortiert und landete in einem Müllcontainer vor der Fabrik. Sie wurde nicht ausgespült, trockengeblasen, mit einem überaus köstlichen Weißwein gefüllt und mit einem Korken verschlossen wie die anderen Flaschen.

Der Weinhändler Pampel wusste von diesem Glasmüllcontainer. Da er zu wenig Geld besaß, um Leergut anzukaufen, schlich er sich oft in den Nächten auf das leere Fabrikgelände und schaute nach, ob er für einige dieser verformten Flaschen nicht doch noch eine Verwendung hätte. Als er die riesige, verformte, aber unbeschädigte Flasche sah, ergriff ihn eine seltene Freude. Sie hatte die Form eines Wanderrucksacks, der nur zu zwei Dritteln gefüllt war. Die Halsöffnung war eher viereckig als rund. Der Korken, der zu dieser

Flasche passte, musste erst noch zugeschnitten werden. Im Regal war nicht ausreichend Platz für sie. Pampel brachte ein Brett über der Tür an und stellte sein Gefäß darauf. Vorher hatte er ein transparentes Papier über die Flaschenöffnung gelegt und mit einem Bleistift die exakten Umrisslinien vermerkt. Aus einem gekochten und luftgetrockneten Rindenstück schnitzte er einen Korken. Die Flasche wurde ausgespült, trockengeblasen, mit einem überaus köstlichen Weißwein gefüllt, verschlossen und zum Verkauf angeboten. In diesen gläsernen Rucksack passten mehr als fünf Liter Rebensaft. Aber der Weinhändler überlegte es sich anders und wollte sein kostbares Stück dann doch nicht verkaufen. Er lud ein paar Freunde zum Trinken ein. Gruber, Hillert, Bolo, den kleinen und den großen Grabosch. Die Brüder mussten die Flasche zu zweit anheben, um den Wein in die Becher zu gießen. Als sich die Flasche in halber Höhe über dem Tisch befand, sich neigte und die ersten Tropfen aus seinem Hals perlten, glaubte Pampel nicht, was er soeben vernommen hatte. Die ersten acht Tropfen Wein, die in den Becher fielen, klangen exakt wie die Melodie von *Fuchs, du hast die Gans gestohlen …* Er fragte seine Freunde: »Habt ihr das eben nicht auch gehört?« Aber sie waren allesamt schon zu sehr mit dem Trinken beschäftigt. Wieder und wieder wurden die Becher gefüllt. Aber unsere Flasche hatte dieses Lied wohl nur beim ersten Ausschenken gesungen. Pampel wurde wütend, denn er fühlte sich von der Flasche verschaukelt. Er hatte sich vor seinen Freunden blamiert, als er behauptet hatte, die Flasche singen gehört zu haben. Aber er war doch nicht verrückt. Er konnte sich doch nicht so dermaßen geirrt haben. Sein Entschluss, die Flasche zu verkaufen, stand jetzt ein für alle Mal fest. Aus einem gekochten und luftgetrockneten Rindenstück schnitzte Pampel einen neuen Korken. Die Flasche wurde ausgespült, trockengeblasen, mit einem überaus köstlichen Weißwein gefüllt, verschlossen und zum Verkauf angeboten. Dass ihrem Singen beim ersten Mal nicht genügend Beachtung geschenkt worden sein könnte, kam unserem Weinhändler natürlich nicht in den Sinn. Sie hatte sich so viel Mühe beim Singen gegeben und hätte es in dieser Disziplin mit jedem Papagei der Welt aufnehmen können. Nachts, über der Tür, versuchte sie, mit dem Korken im Mund zu singen und wurde wütend, weil kein Ton nach außen dringen konnte. Sie warf sich auf die Seite, blies mit aller Macht den Korken aus ihrem Hals und sang zum zweiten Mal den Anfang ihres Liedes. Der Wein lief auf den Boden. Die Flasche war durch die heißen Atemstöße von innen noch größer geworden. Pampel konnte sich das am nächsten Morgen kaum erklären. Mit drei seiner Gesellen wuchtete er das Flaschenmonster vom Regal, goss den restlichen Wein in den Rinnsteig, füllte sein singendes Zaubergefäß erneut mit einem köstlichen Tropfen und schob den verformten Bottich in die Ecke seines Verkaufsraumes. Der Korken, der zu dieser Flasche passte, musste erst noch zugeschnitten werden. Aus einem gekochten und luftgetrockneten Rindenstück schnitzte Pamp einen Korken, der viel größer als der vorherige war und eher die Form eines Küchenbrettchens hatte, auf dem fünf bis sieben übereinandergestapelte Leberkäsestückchen übrig geblieben waren.

IM DORF WURDE EINE VERLOBUNG GEFEIERT, PAMP sollte für den Wein sorgen. Endlich gab es eine Gelegenheit, seine hässlichste und unförmigste Flasche für sehr viel Geld unters Volk zu bringen. Er spannte die Pferde vor die Kutsche, lud mit fünf seiner Gesellen die riesige Flasche auf das Fuhrwerk und brachte den Wein zu den Eltern des zukünftigen Bräutigams. Aber als sie das monströse Gefäß auf dem Kutschbock sahen, fragten sie den Weinhändler sofort, ob er ihnen für diesen Tag das Fuhrwerk und die drei oder fünf Gesellen ausleihen könnte. So fuhren sie dann mit Brot, Butter, Käse, Wurst und Wein in die Wälder raus. Die Gesellen waren an diesem Tag nicht um ihre Dienste zu beneiden. Mit vereinten Kräften hoben sie die Flasche in die Höhe, nachdem sie mit einem Hammer und einem eckigen Metallstück den Korken in das Gefäß geschlagen hatten. Der zukünftige Bräutigam sprach dem Wein am meisten zu. Kein Wunder. Denn am nächsten Tag würde er als Steuermann ein Schiff besteigen und ein Jahr lang in fremde Länder reisen. Die Gesellen quälten sich derart beim Ausschenken des Weines in die viel zu kleinen Gläser, dass es nur Mimi, dem Mädchen, das dem Seemann Benter versprochen war, auffiel, wie die Flasche ihr einziges Lied anstimmte. Aber es konnte sich natürlich auch verhört haben. Welche Flasche sollte schon dazu in der Lage sein, beim Ausschenken zu singen, und warum in aller Welt ausgerechnet *Fuchs, du hast die Gans gestohlen …* zum Besten geben. Als die Flasche nach Stunden endlich leer getrunken war, kippten die Gesellen sie vom Kutschbock zwischen die Bäume. Wieder wurde ihr einzigartiger Gesang nicht vernommen. In der Ferne hörte sie die trunkenen Stimmen des künftigen Brautpaares, ihrer Eltern und das Gejohle der Gesellen.

ZWEI DORFJUNGEN SPIELTEN AM NÄCHSTEN MORGEN Versteck im Wald und fanden die Flasche. Sie trommelten alle ihre Freunde zusammen, nahmen sich den größten Handwagen, den sie auftreiben konnten, und bugsierten die Flasche zum Haus ihrer Eltern. Bolo, der älteste der Söhne, würde heute als Kapitän an Bord der *Calypso* gehen und für ein Jahr in ferne Länder reisen. Die Mutter lächelte beim Anblick des Flaschenmonsters, als sie an das Fläschchen mit Kräuterbranntwein dachte, das sie ihrem Sohn auf die lange Reise mitzugeben gedachte. Wer für ein Jahr die Meere befahren wollte, brauchte auch die dazugehörige Menge an Schnaps, um nicht krank zu werden, so weit weg von zu Hause. Aus der gesamten Nachbarschaft wurden die Schnapsvorräte zusammengetragen und in die riesige Flasche geschüttet. Es wurde lediglich darauf geachtet, dass es sich dabei um magenschonende, gesundheitsfördernde Kräuterschnäpse handelte. Auf der *Calypso* hatte auch Benter, der Steuermann, angeheuert. Er betrat gerade die Mole, als mit einem Kran die mit einer dunklen Flüssigkeit gefüllte Flasche an Deck gehievt wurde. Der Steuermann erkannte das Gefäß nicht wieder, dessen Inhalt seiner Liebsten und ihm einmal so viel sinnliche Freude bereitet hatte. Benter konnte sich weder an die Gesellen erinnern, die unter größter Mühe die Flasche vom Fuhrwerk gekippt hatten, noch hatte er beim Abfahren darauf geachtet, wie der Flaschenmüll zwischen den Bäumen kleiner und kleiner geworden war, je näher das Dorf wieder herangerückt war. Mittlerweile war die Flasche sogar etwas bauchiger und voluminöser als die Kommandobrücke, denn sie sang auch in den Nächten an Deck ungehört immer weiter, wuchs und wuchs. Die Mutter des Kapitänssohnes hatte, da auf die Schnelle kein geeigneter Verschluss für die Flasche zu finden war, ein altes Coleman Blackout, ein leichtes Kuppelzelt mit Vorzelt, in dem bei Gefahr drei bis vier Personen Zuflucht gefunden hätten, in die Gefäßöffnung gestopft. Die gesamte Besatzung, der Smutje, die Schiffsjungen und Matrosen, mussten beim Ausschenken des Kräuterschnapses behilflich sein. Ausnahmsweise hatte es keine Frau geschafft, zur Besatzung zu stoßen. Mithilfe einer hydraulischen Hebebühne wurde der Schnapsbottich in einer Höhe von zwei bis drei Metern in eine entsprechende Schieflage gebracht, das Coleman-Blackout-Zelt aus dem Flaschenhals gezerrt und ein Waschtrog mit der gesunden Flüssigkeit gefüllt. Die gesamte Besatzung, der Smutje, die Schiffsjungen, die Matrosen, der Steuermann und der Kapitän, sie alle tunkten ihre Becher in die Schnapswanne und tranken, sangen und tranken. Auf diese Weise wollten sie jedem Sturm auf See die Stirn bieten. Doch einer dieser Stürme ließ sich von diesen gesunden, lebenserhaltenden Besäufnissen an Deck nicht beeindrucken. Er zerschmetterte die Planken des Schiffes und knickte die Masten, was sich im Nachhinein als Glück erweisen sollte. An der Flasche, inzwischen längst leer getrunken, prallten wieder und wieder Wellen ab. Der Steuermann hatte die Idee, seiner Liebsten eine letzte Botschaft zu senden. Er holte sich aus der Kombüse eine winzige Schnapsflasche, der Smutje hätte dazu wohl *Zündkerze* gesagt, entleerte sie in einem Zug, schrieb die Wörter *Mimi, Benter und Calypso* auf einen Zettel, rollte ihn wie ein Zigarettenstängelchen zusammen, schob ihn in das Innere des Fläschchens und schraubte den Verschluss zu. Die gesamte Besatzung, der Smutje, die Schiffsjungen, die Matrosen und der Kapitän, sie alle hatten den Ernst der Lage längst erkannt und mit vereinten Kräften die Flasche über Bord geworfen. Ihr Maul war durch den immerwährenden Gesang so groß geworden, dass das Schiff mühelos ins Flascheninnere treiben konnte, was mithilfe der geknickten Masten mühelos gelang. Kommt mir bloß nicht blöde. Der Flaschenhals war groß genug für eine Schiffsübernahme. Benter war sich nicht sicher, ob er die letzte Post an seine liebste Mimi, die er in seiner Hosentasche trug, mit an Bord des riesigen Flaschenschiffes nehmen oder sie den Wogen des Meeres überlassen sollte.

MONATELANG TRIEB DIE FLASCHE MIT DEM SCHIFF UND seiner Besatzung über die Meere. Gott sei Dank hatten sie genügend Konserven im Frachtraum. Der Hals der Flasche ragte so hoch und schief nach oben aus der See, dass kaum Wasser durch ihn gelangte. Bei Sturm und gefährlicher Strömung mussten die Schiffsjungen und Matrosen sich an Seilen an den Schiffswänden herunterlassen und das Zelt, die abgeknickten Masten, die gesamte Takelage und die mit Segeltüchern umwickelten Breitseiten der beiden Rettungsboote in die Flaschenöffnung stopfen. Kommt mir bloß nicht blöde. Das passte schon alles. Wie sich das Schiff auf dem Glasboden aufrecht halten konnte. Wie sich das Schiff auf dem Glasboden denn überhaupt aufrecht halten konnte. Kommt mir bloß nicht blöde mit euren albernen Mutmaßungen. Ein wenig Ozeanwasser, das sich an der Säugeleiste des Schiffes festgesogen hatte, war ja wohl bei der Rettungsaktion auf See auch mit an Bord des Flaschenbauchs gelangt. Genügend Meerwasser. Ausreichend Stützwasser mit schweren, kantigen Fischen. Durch die Falten und Abstände zwischen den Hölzern gelangte genügend Sauerstoff an Deck. Bei Regen zeigte die Gefäßöffnung wahrscheinlich wieder nach unten. Heiße Glasfabrikwinde konnten schließlich auch auf den Weltmeeren vorkommen, wenn sich solche Phänomene mithilfe der nötigen Vorbildung nicht gerade in Luft auflösten. Kommt mir also bloß nicht blöde. Mit der Flasche wurde vereinbart, dass sich die Schiffsmannschaft bei Luftknappheit auf den Boden werfen und mit den Fäusten auf die Planken dreschen sollte. Dann holte die Flasche tief Luft, sog den Verschluss an das beinahe im Trocknen liegende Schiff heran und begann zu singen. Die Flasche wurde größer und größer. Kein Sturm konnte ihr je wieder gefährlich werden. Das Zelt, die abgeknickten Masten, die gesamte Takelage und die mit Segeltüchern umwickelten Beiboote wurden bald nicht mehr benötigt. Die Mannschaft konnte beim Treiben über die Weltmeere befreit durchatmen. Die Flasche trieb an Afrika oder auch an Indien vorbei. Durch ihre Öffnung gelangten Speisen und Getränke an Deck, so herzlich wurden sie und ihre Besatzung an den fremden Küsten willkommen geheißen. Dass eine Flasche keine Papierrolle, sondern ein manövrierunfähiges Schiff enthielt, verwunderte hier niemanden. So wollten sie künftig auch ihre Schiffe bauen. Im Schutz einer monströsen Flasche wollten auch diese fremden Völker künftig die Meere befahren.

EIN SOMMER MIT GROSSER DÜRRE HATTE DAZU GEFÜHRT, dass die Flasche ein paar Wochen später an der kolumbianischen oder indischen Küste auf Grund gelaufen war. Ringsum verloren die Meere an Wasser. Sandbänke breiteten sich aus. Niemand von ihnen war bereit, auf den so lange herbeigesehnten Landgang zu verzichten. Die gesamte Schiffsmannschaft trieb sich in den Kasinos und Bars von Cartagena herum. Aus alter Verbundenheit mit ihrer einst so großzügig gefüllten Flasche tranken die Schiffsjungen, Matrosen, der Smutje, der Steuermann und auch der Kapitän nur Kräuterschnäpse, so weit von ihrer Heimat entfernt. Nur hatten sie in ihrer Trunkenheit beinahe ihre schützende Behausung an der Küste vergessen. Die Bewohner der Armenviertel hatten in einer Lagune eine riesige Flasche mit einer Schiffspost entdeckt. *Calypso. Calypso.* An Seilwinden wurde sie unter lautem Gejohle ans Ufer gezogen. In die Flasche passte eine Besatzung von etwa zweihundert Seeleuten. Das Schiff hätte höchstens zwanzig Männer an Deck vertragen. Jeder wollte auf das ein wenig schiefliegende Schiff. Auf einer Seite mussten die schweren, kantigen Fische in Schlaf gesunken sein und hatten sich dabei vom Stabilisierungsobjekt entfernt. Ob schwere, kantige Fische im Wasser auch mal schlafen. Ob schwere, kantige Fische im flachen Meerwasser tatsächlich auch mal schlafen. Niemand wollte auf den nassen, buckligen Flaschenboden. Es gab eine Meuterei. Die Regierung in Bogotá stimmte einem Notfallplan zu und ließ das Militär an der Küste aufmarschieren. Sämtliche künftige Seeleute an Deck und auf dem Glasboden wurden vom Strand vertrieben. Bei Rückkehr in die Flaschenpost drohten drastische Gefängnisstrafen. In einer der Bars hatte Benter, der Steuermann, die Post an seine Mimi verloren. *Mimi, Benter, Calypso.* Aber brauchte er dieses zusammengefaltete Zettelchen denn überhaupt noch. Die gesamte Mannschaft hatte den Sturm in der Meeresbehausung überlebt. Jetzt zogen die Männer von Kneipe zu Kneipe, vergaßen Schiff und Heimat. Die Kulturbehörde Cartagenas hatte sich dafür eingesetzt, die Flasche samt Inhalt ins Seefahrtsmuseum in die Hauptstadt bringen zu lassen. Dort bekam sie ihren eigenen Saal und wurde zur Wallfahrtsstätte von allen, die jemals auf den Meeren unterwegs gewesen waren. In allen Zeitungen und auch auf allen Fernsehkanälen des Landes waren Bilder der Flasche mit dem Schiff anstelle einer riesigen Flaschenpost zu sehen. Wie sollten der Steuermann, der Kapitän, der Smutje, die Schiffsjungen und die Matrosen jemals wieder sicher in ihre Heimat zurückkehren. Ausnahmsweise wären auch Frauen damit einverstanden gewesen, sofort in ihre Heimat zurückzukehren, wenn sie zur Besatzung gehört hätten. Auf einem normalen Schiff wollten sie nie wieder den gewaltigen Stürmen auf See trotzen. Sie beschlossen also, ihre Flasche aus dem Seefahrtsmuseum zu befreien. Dazu benötigten sie ein Zeppelinluftschiff, Dynamit, Stahlseile, Zugtickets und dehnbare Gurte. Sie ließen sich nachts im Museum einschließen, befestigten mithilfe der vom Strand gejagten Kolumbianer die dehnbaren Gurte am Leib der Flasche, immer unterhalb der Glasbuckel, sprengten das Dach des Museums und hoben ihr Doppelschiff mit einem

Zeppelin an Stahlseilen aus der Versenkung. Es durfte dabei kaum Ozeanflüssigkeit verloren gehen. In die Flasche passte eine Besatzung von etwa zweihundert Seeleuten. Das Schiff hätte höchstens zwanzig Männer an Deck vertragen. Niemand wollte auf das ein wenig schief liegende Schiff. Jeder wollte auf den nassen, buckligen Flaschenboden. Sie rückten auf dem Boden zusammen. Die schweren, kantigen Fische zwischen ihnen. Ausgeschlafen und friedlich. Es gab keine Meuterei. Alle wollten Kolumbien durch den Meeresboden in der Luft hindurch adieu sagen. Auf Nimmerwiedersehen. Jeden Tag durften zehn andere Lateinamerikaner auf das schief liegende Schiff. Sie wurden in sämtliche Geheimnisse der Seefahrt und des Fischfangs direkt neben den Bordseiten eingewiesen. Die einen hatten das Zeug zum Kapitän, die anderen zum Steuermann. Viele aber eigneten sich auch hervorragend als Schiffsjungen oder Matrosen. Smutje wurde jener, der in einer der Bars ein Fläschchen mit einer unverständlichen Botschaft gefunden hatte, ob er nun kochen konnte oder nicht. *Mimi, Benter, Calypso.* Aber Stürme gab es natürlich nicht nur auf dem Wasser.

INZWISCHEN WAREN JAHRZEHNTE VERGANGEN, DER ZEPpelin überflog Kontinente und Meere. Die Gurte hatten mit der Zeit gelitten, waren spröde geworden. Die Kolumbianer wollten wieder zurück in ihre Heimat. Ein letztes Mal wurde die Flasche nachts in Bogotá auf einem unbelebten Marktplatz abgesetzt, damit die Menschen durch die Glasöffnung wieder zu ihren Familien zurückkehren konnten. Ein letztes Mal erhob sich der Zeppelin mit seiner kostbaren Fracht. Die Gurte rissen über einer Bergbaulandschaft. Die scharfen Gemäuer einer Fabrik trennten die Flasche beim Aufprall von ihrem Boden. Der Hals mit dem gezackten Kelch war kopfüber in ein Feld neben dem Konzerngelände gerast.

Das Schiff fand sich im Gemenge von Zeltresten, geknickten Masten, der gesamten Takelage und in den von Segeltüchern umwickelten Breitseiten der Rettungsboote wieder. Coleman Blackout. Es regnete Tage und Nächte. Der scharf geränderte Kelch lief voll. Ein Schiff schaukelte auf dem Wasser, war aus Takelage, Zeltresten und den mit Segeltüchern umwickelten Masten der alten Beiboote aufgestiegen.

MIMI SITZT AN EINEM SEE IN EINER BERGBAULANDschaft. Nur ärmliche Baracken ringsherum. Sie lächelt und sieht glücklich zu einem Schiff hinüber, dem der Sturm an Land nichts anhaben kann. Denn der See hat einen hohen gläsernen und gefährlichen Rand. Zu hoch für jeden Wind. Zu hoch für Piraten, die, von angrenzenden Gewässern aus, dem Boot gefährlich werden könnten. Aber es gibt auch keine angrenzenden Gewässer. Nur Felder, Schluchten und die Baracken an den Hängen. Auf einem Mast des Schiffes hängt ein Papagei und singt *La Paloma*. Der See hatte in einem früheren Leben auch gesungen. Damals war der See noch jung und hatte die Form einer Flasche. Allerdings hatte er ein stark begrenztes Repertoire. Es reichte bei ihm immer nur für den Anfang von *Fuchs, du hast die Gans gestohlen …* Doch selbst mit diesen acht Tönen hätte er sich vor keinem singenden Papagei der Welt zu verstecken brauchen, dachte er. Die Menschen aus der Gegend erzählten verschiedene Geschichten, wie der See entstanden war, an einer Stelle, an der sich vor vielen, vielen Jahren nicht mal die kleinste Regenpfütze länger als ein, zwei Tage gehalten habe. Die Bergleute waren längst weitergezogen. Zerborstene Kräne und stillgelegte, nie mehr zu bewegende Schaufelradbagger in den Niederungen. Mimi sitzt an einem See und hofft, dass die *Calypso* niemals untergehen wird. Die gesamte Besatzung aber, der Smutje, die Schiffsjungen, die

Matrosen, der Steuermann und der Kapitän, sie alle haben den Ernst der Lage längst erkannt.

PALMEN UND EINBÄUME, NUR HUNDERTE METER VOM Strand entfernt. Nackte Sentinelesen am Ufer, aufgebracht, muskulös, kriegerisch, aber aus der Ferne lächerlich archaisch bewaffnet, bis sie versuchen, bei zu starker Brandung, auf Baumstämmen sitzend, unser Schiff zu erreichen. Der Eigner des Frachters in Hongkong, die Regent Shipping Company, kann den abgehörten Funkspruch kaum glauben: *Werden von den Ureinwohnern mit Pfeilen, Steinäxten und Speeren bedroht. Brauchen Hilfe. Bitten um den Abwurf von Gewehren.* Die indische Marine ist zur Bergung seit Stunden unterwegs. Aber der Schlepper, der uns wieder ins offene Meer ziehen soll, muss aufgeben. Der Taifun ist unser ganzes Glück in diesen Tagen. Von Bord aus müssen wir mit ansehen, wie die sentinelesischen Stammeskämpfer versuchen, ihre Auslegerkanus noch sturmtauglicher zu machen, Stechkähne, fast schon zu eng für zwei Füße, bootsähnliche Stämme, die, mit einer Stange gesteuert und angetrieben, vorher nur für das Fischen in den seichteren Küstengewässern geeignet waren. Wir stellen Tag und Nacht Wachen auf und halten Stahlrohre und Signalpistolen in den Händen: *Schätzen die Zahl der Eingeborenen auf fünfzig bis dreiundachtzig. Wenn nicht bald Verstärkung eintrifft, werden wir das hier nicht überleben.* Heute ist der zehnte Tag, den wir manövrierunfähig an der Küste von North Sentinel zubringen. Die indische Marine, die über keine eigenen Hubschrauber auf den Andamanen verfügt, muss fremde Hilfe in Anspruch nehmen. Die Zeit drängt. Admiral Sawnhi, der zuständige Kommandeur in Port Blair, nimmt Kontakt zur indonesisch-australischen Firma P.T. Airfast Service auf, die mit einem Hubschraubergeschwader die Arbeiten auf der indischen Ölplattform Gettysburg vor der Küste der Andamanen unterstützt. Der eingesetzte Helikopter vom Typ S-58 T Sikorsky kann maximal die beiden Piloten und sechzehn Passagiere transportieren. Der indische Marinepilot, Leutnant Gadhok, erklärt sich sofort dazu bereit, diese Befreiungsmission zu unterstützen. Eine Strickleiter aus Seilen muss schnellstens her, falls eine Landung auf dem Frachter nicht möglich sein sollte. Fünfzehn bis zwanzig Fuß hohe Wellen. Es gelingt den Piloten, mit dem Helikopter auf der geschlossenen Ladeluke aufzusetzen, bei etwa dreißig Knoten Seitenwind. Kommt mir bloß nicht blöde. Aber das Schiffsdeck ist bei Gefahr für solche Aktionen natürlich groß genug. Die Piloten beschließen, die Besatzung auf drei Rettungsflüge zu verteilen, um bei diesen Wetterbedingungen keine Menschenleben zu gefährden. Es sind dreiunddreißig Seeleute an Deck. Ausnahmsweise hatte es keine Frau an diesem Montag geschafft, zur Besatzung zu stoßen. Persönliche Gegenstände sollten an Bord verbleiben. Die Vorstellung, wie diese Ureinwohner Tage oder erst Wochen später versuchen, mit einer beschissenen ADAC-Karte eine Kokosfrucht auszuschaben, macht uns nicht gerade zu besseren Menschen. Nach unserem Abzug stecken die Krieger die Überreste des Wracks nicht in Brand, um Eisenbolzen und Nägel aus ihren Verankerungen zu lösen. Sie sind so naiv zu glauben, diese Materialien wären ihnen ohne Verbindungsschnüre dabei behilflich, ihren Fortbestand zu sichern, denken wir. Sie sind so herrlich naiv, sich an den Holzwundern in Fischen und anderen Lebewesen zu erfreuen, glauben wir. Die Überlegenheit, im Ernstfall einen Helikopter zu besteigen. Die Lässigkeit, auf Höhenangst und Strickleitern zu verzichten. Das Glück in Abrede gestellt zu haben, weil keine Gewehre abgeworfen wurden. Die Angst, den Taifun als Himmelsgeschenk anzunehmen. Der Stolz, die Kontaktlosigkeit zu anderen feindlichen Stämmen als hinterwäldlerisch zu besingen. Die Gier, keine Insel auf der ganzen Welt unangetastet zu lassen. Die Sicherheit, kaum Delphine gesehen zu haben. Die Sorge, die täglich wechselnden Heimwege zu vernachlässigen. Das Spiel, uns auf die Heimat zu freuen. Die sachliche Ausgewogenheit, so wenige Eisenteile wie möglich in der Fremde zurückzulassen. Der geringe Aufwand, diese albernen, hingestreuten Seeknochen selbst auf den Satellitenbildern später wieder vergessen zu können. Da diese Insel seit neunzehnhundertsechsundneunzig von der indischen Marine und Polizei überwacht und durch ein offizielles Kontaktverbot geschützt wird, war es kaum möglich, in die Sperrzone von drei Kilometern um diese Insel herum einzudringen.

BOGOTÁ, DREIUNDZWANZIGSTER SEPTEMBER, HALLO Bengt, ich weiß gar nicht genau, wo ich anfangen soll. Ich finde dich wirklich sympathisch und habe ein großes Interesse daran, dich kennenzulernen. Zum Glück wohnst du bei mir gleich um die Ecke. Ich bin nämlich kein Freund von Fernbeziehungen. Seit zwei Jahren bin ich Single, obwohl ich wie ein Model aussehe. Meine Freundinnen behaupten sogar, dass ich Ähnlichkeit mit Catalina Sandino Moreno habe. Ich habe zu lange keine erotischen Stunden mehr erlebt, deshalb schreibe ich dir jetzt hier. Weil ich dir nicht gleich beim ersten Mal meine Nummer geben möchte, würde ich dich darum bitten, mir auf www.dienachbarindeineslebens.de zu antworten. Mein Name dort lautet Li94. Dort findest du auch ein paar Bilder von mir, damit du weißt, wie ich aussehe und was dich erwartet. Ich habe ein gutes Gefühl bei dir. Du musst wissen, dass ich ernste Absichten habe und ein Beziehungsmensch bin. So langsam möchte ich mal wieder mein Herz verschenken. Zumal es draußen langsam kälter wird. Da möchte ich gern eingekuschelt im Bett liegen. Vielleicht ja mit dir. Du weißt schon, was ich meine. Natürlich könnte ich auch auf anderem Wege Männer kennenlernen. Aber sie wollen alle immer nur das eine. Bei dir könnte ich mir wirklich vorstellen, dass du es ernst meinst. Ich habe zwei Kinder, aber das schrieb ich dir ja schon. Meine Stiefmutter meinte mal, dass ich weibliche und sinnliche Kurven habe. Stiefmütter eben. Ich werde fast täglich auf der Straße von Männern angesprochen, die sich aber zu blöde anstellen. Schicke mir einfach deine Nummer. Ich könnte Camila und Ana Jose bei unserem ersten Treffen zu ihrer Großmutter bringen, die auch gleich in deiner Nähe wohnt. Dann könnten wir uns beide ganz in Ruhe bei mir zu Hause kennenlernen. Ich würde mich freuen, wenn du dich noch heute bei mir meldest. Ich wohne nur einen Katzensprung von dir entfernt, falls du mal was getrunken haben solltest. Bussi, Bengt, deine Li. (Die 94 steht nicht unbedingt allein für mein Geburtsjahr.)

IX

Zandschow, GAIA

WOLF HAT EINEN STRENGEN WOCHENPLAN ENTWORFEN, um den Tagen Struktur und Würde zu verleihen. Sämtliche Dorfbewohner nehmen daran teil, um den Anschluss an die reale Welt nicht zu verlieren. Montags dient ein ausrangierter Bauwagen als U-Bahn-Waggon, in dem zehn Menschen Platz finden. Zwanzig Einwohner stehen etwa zehn Meter entfernt an einer Linie und stürmen nach einem Tonsignal in das Gefährt. Die sieben bis zehn Menschen, die es nicht in das Abteil geschafft haben, simulieren durch ein starkes Rütteln am Waggon das Losfahren bis ins Stadtzentrum. Am Dienstag wird trainiert, wie man sich an einem wiederbelebten Geldautomaten zwischen den Bäumen am Feuerlöschteich in vier bis fünf unterschiedlichen Sprachen zurechtfindet, um in der Welt nicht leer auszugehen.

CHINESISCH, RUSSISCH, ENGLISCH, FRANZÖSISCH, ITALIEnisch, Deutsch. Der Geldautomat stand zwischen den Palmen am Feuerlöschteich, sodass er auch außerhalb der Schalteröffnungszeiten zugänglich war. Dieser Standort an der Zandschower Küste wich von den üblichen Standorten in Bahnhofshallen, an Tankstellenunterführungen, in Supermarktgehegen, aber auch auf Flughäfen und Kreuzfahrtschiffen ab. Wolf hatte sich darum gekümmert, dass dieses speziell angefertigte Gerät hier aufgestellt wurde. Seine Verbindungen in die Stadt waren bekannt. Es gab kaum einen Ingenieur oder Polizisten in der Umgebung, der nicht mit ihm befreundet war. Im gepanzerten Tresor befanden sich vier übereinanderliegende Geldkassetten. Des Weiteren gab es ein Auszahlmodul, einen ID-Kartenleser, eine Tastatur für die Erfassung und verschlüsselte Verarbeitung der Geheimzahl und einen Bildschirm mit Touchscreen. Anders als beim gelben U-Bahn-Waggon wurden im Bankomat, falls man ihn unautorisiert bewegte, an ihm rüttelte oder ihn gar zu sprengen versuchte, sofort entsprechende Sicherheitsprotokolle ausgelöst. Es gab für alle Zandschower eine Karte zu Übungszwecken. Jeder hatte sich eine siebenstellige Geheimzahl einzuprägen. Bei zweimaliger Fehleingabe der Pin wurde die Karte eingezogen. So wollte es Wolf. Seinen Anordnungen wurde nie widersprochen. Er wusste, wie wichtig es sein würde, unser Gedächtnis zu schulen. Bevor wir an den Geldautomaten traten, rief uns Wolf die Geburtsdaten von Gruber, Hillert, Benter, Teschi, Dettel, Ricky, Mädel, Digger, Mimi, dem kleinen und dem großen Grabosch, Li, Bolo, Jerry, Körperchen, Cloud, Sig und Pampel zu. Aber immer in umgekehrter Reihenfolge. Kurz vor der Sprachauswahl hatten wir uns umzudrehen und Blickkontakt mit unserem Anführer aufzunehmen, den wir hinter der geöffneten Ladentür an seiner Theke stehen sahen. Anhand von Wolfs Bewegungen, die landesspezifische Eindeutigkeiten symbolisieren sollten, wählten wir unsere Verständigungsart am Bildschirm aus. Als der kleine Grabosch an der Reihe war, versuchte Wolf vorher wieder und wieder, aus sich selber herauszusteigen, aber ohne bei jedem dieser Vorgänge kleiner und kleiner zu werden. Wenn es zwischen dem ersten und dem zweiten Versuch zu keiner wesentlichen Verkleinerung der Person kam, musste dieses Experiment als gescheitert angesehen werden. Mit seinen Armen und Händen deutete er Schraub- und Hebebewegungen an, die sich im unteren Bauchbereich verorten ließen. Nach der Schraubbewegung ließ er ein bis zwei Sekunden verstreichen, ehe er seinen Oberkörper aus der Verschalung zu heben versuchte. Das ging nicht beides gleichzeitig. Es sei denn, er signalisierte uns mit seinen starren, aufgesetzten Händen, von uns aus gesehen, eine waagerechte Bewegung von links nach rechts, um sofort danach in eine ab dem Hüftknochen hochschweifende Berührung zu verfallen. Wenn nur nicht die Theke mit ihren Glasterrassen so viel vergrößernde Konzentration von uns verlangt hätte. Als ob Wolf jemals dazu in der Lage gewesen wäre, uns gestisch vorzumachen, wie man seinen Oberkörper neben seine Beine stellen könnte. Entweder man behielt seine Pin im Gedächtnis oder lernte unabhängig davon die Geburtsdaten der anderen, um ein System zu entwickeln, das die eigene Pin in ein logisches, unaufbrausendes Verhältnis zu diesen konkurrierenden Zahlen brachte. Aber immer in umgekehrter Reihenfolge. Als Jerry an der Reihe war, vergaß Wolf, seine Arme, Beine, Füße oder Hände zu bewegen. Als sie an der Reihe war, sich unter all den Palmen in den Großstädten der Welt zurechtzufinden, inmitten von bunten Verkehrsdrogen, Schichtwechseln, menschlichen Ablösungsritualen beim Handeln mit Zuckerwatte und gepiercten Krankenscheinen, anhand von höher gelegten, garstigen Kohlendioxidsträuchern, Mundschutzepidemien, Verwahrlosungsdepressionen, mithilfe von wuchernden, sich gegenseitig bewerbenden, auf das Übelste mit Glanz bespeichelnden Industriearealen in den Banlieues, in all dieser vollkommen verständigungslosen Metropolenlässigkeit, zwischen den Bäumen, an einer Theke, vergaß Wolf, seine Arme, Beine, Füße oder Hände zu bewegen. Diese Sprache war über das Menü nicht abrufbar. Ihre Geheimzahl blieb ihre Geheimzahl. Die Karte wurde geschluckt. Sie drückte nicht den Zeigefinger auf den gewünschten Betrag, sondern ihre Kinnspitze. Wolf wollte die Dienstage nur noch mit Jerry verbringen. Er vergaß sogar, dass Jerry die elektronische Leiste des gewünschten Betrages in einer ausländischen Währung auf dem Bildschirm mit der Kinnspitze berührt hatte und nicht mit ihrer linken Augenbraue, von ihm aus gesehen. Wir waren an einer Linie angetreten, alle, direkt neben dem Prüfgerät, sodass wir nicht auf den Bildschirm, sondern nur ins Ladeninnere blicken konnten, zu Wolf, aber aus den Augenwinkeln sahen, wie Jerry sich anstellte. Wir waren still, nur um zu hören, ob ihre Karte wieder aus dem Spalt auftauchte und vorher kurz summte. Die Rückwand des Geldautomaten hatten wir mit einem Poster beklebt. Palmen mit Abständen zwischen den Palmen. Michamvi Beach. Zwölf Tische auf der Restaurant-Terrasse. Jede volle Stunde setzte ein Boot zum Eiland über. In den Stoßzeiten blieben wir lieber am Strand. Wir hatten uns angewöhnt, sowohl die Frauen als auch die Männer, an den Tagen, an denen wir dazu neigten, den Indischen Ozean mit unseren Füßen zu betreten, den Indischen Ozean in Zandschow mit unseren Füßen zu betreten. Eines aber hatten alle diese Frauen gemeinsam.

DAS ZERREISSEN ALTER BRIEFE AUS DEM ZWANZIGSTEN Jahrhundert. Mansfeld, siebzehnter Oktober, mein lieber Vater, kein Tier kommt hier sterbend raus. Sind das da auf dem Bild deine alten Klassenkameraden. Lass uns einkaufen gehen. Das heißt aber nicht, dass wir wieder zusammen sind. Pack bitte nur das Nötigste.

DER KLEINE GRABOSCH WAR VOR JAHREN ALLEIN MIT einem Handwagen in Zandschow angekommen. Anziehsachen, ein Gaskocher, persönliche Papiere und ein riesiger Kronleuchter. Den Kronleuchter hatte er von einem entfernten Verwandten geerbt. Kunstexperten und Antiquitätenhändler aus Höverlake und Umgebung schätzten seinen Wert auf etwa dreißigtausend Euro. Der große Grabosch bekam ein Bauernhaus zugesprochen, das einen ähnlichen

Wert wie das blinkende Deckenkonstrukt aufwies. Die Brüder gerieten darüber in Streit. Ein so wertvoller Kronleuchter machte doch nur dann einen Sinn, wenn er sich im Saal eines Palastes wiederfand. Der Onkel hatte dieses Schmuckstück jahrzehntelang unter Strohballen in seiner Scheune aufbewahrt. Der große Grabosch war nicht dazu bereit, sein Haus gegen einen Kronleuchter zu tauschen, obgleich der immerhin zwölf Arme hatte. Im Bauernhaus gab es nur Platz für einen der Brüder. Der kleine Grabosch nahm Abschied. Er holte sein Erbstück aus der Scheune und legte es mithilfe seines Bruders auf die Transportfläche seines Handwagens. Er würde jetzt bestimmt auffallen mit seinem Gefährt. Er fiel jetzt auf mit seinem Gefährt, denn der kleine Grabosch hatte sich vorgenommen, seinen Handwagen so vorsichtig, langsam und gleichmäßig zu bewegen, dass der Kronleuchter so lange wie möglich auf der Transportfläche liegen blieb. An der Stelle, an der sein gesamter Besitz vom Wagen herunterfiel, wollte er anhalten und ein neues Leben beginnen. Man musste den kleinen Grabosch schon kennen, um ihm so etwas auch wirklich abzunehmen. Er hatte drei Versuche, um auszuschließen, künftig mit seiner abgeklemmten Lichtquelle in einem Wald, in einem Kornfeld oder in einem Flusslauf leben zu müssen, falls der Flusslauf gleich neben der Straße liegend zum Stehen kommen würde. Das Ortsausgangsschild von Höverlake zählte noch nicht zu den drei Versuchen. Auf seiner Wanderschaft diente ihm der goldene Deckenlüster mit seinen Krakenarmen oft als Behausung. Er spannte nachts Pullover, Jacken und Mäntel über die alten Stromgelenke und kam sich wie der Besitzer einer Jurte vor. Aber wie konnte denn der kleine Grabosch dieses Monstrum allein vom Handwagen runterheben, ohne es zu beschädigen. Wie konnte er nur. Kommt mir jetzt bloß nicht blöde. Als wäre der große Grabosch allein in Höverlake geblieben. Für das Bauernhaus hätten sich doch in Windeseile Abnehmer aus dem Nahen Osten gefunden.

DIE CHEMIE STIMMTE IM NORDEN, ABER HÄTTE DIE VYnova Group ihre beiden Produktionsstätten für die Chlorherstellung wie geplant in Zandschow und Höverlake errichtet, hätten die Einheimischen und die Zugewanderten ihren Lebensmittelpunkt an der Küste verloren. Sansibar, die Wunschbräune ehemaliger Fabrikarbeiter und Hundebesitzer. Um die sichere Rohstoffversorgung über Seehäfen und Pipelines zu gewährleisten, war die ChemCoast im letzten Moment auf die Standorte Voslapp und Rüstersiel ausgewichen, direkt an der südlichen Nordsee gelegen, mit Zugang zu tieferem Fahrwasser. Als das bekannt wurde, gab es am Strand kein Halten mehr. Weil die Dorfbewohner mit dieser Mitteilung zufrieden waren, drückten sie die Eins. Die Arbeitersiedlung von ChemCoast war nahezu unbewohnt. Erst die Industrie, dann die Unterbringung für die Werktätigen, aber in umgekehrter Reihenfolge. Der kleine Grabosch war nur selten zum Schlafen dort. Spartanische Einrichtung. Matratze. Tisch. Stuhl. Wandschränkchen. Stehlampe. Hometrainer. Seine Tür verriegelte er dann von innen mit seinem Kronleuchter, in dem er einen der Lüsterarme an seiner am höchsten gebogenen Stelle unter die Türklinke schob, ja sogar ein wenig drückte. Der große Grabosch war direkt neben ihm eingezogen. Mit dem Geld aus dem Verkauf des Bauernhauses hätten sie arbeiten können, ohne zu leben. Aber in umgekehrter Reihenfolge.

DIE NÄCHTE VERBRACHTE GRABOSCH MIT DEN ARBEItern an der Küste. Wer sich bei Wolf mit Bier versorgte, durfte für eine halbe Stunde nach Sansibar und hatte einen freien Internetzugang. Wolf besaß alles, um aus Zandschow herauszukommen. Um aus Zandschow herauszukommen, blieb er in Zandschow. Äffchen auf Treibematten in der Lagune. Und anstelle eines Sonnenuntergangs ein paar Palmen und Flamingos in einem der vielen unverkennbaren Salzseen dieses Kontinents. Ob sein Bruder ihm noch böse war, weil er sich mit dem Kronleuchter aus dem Staub gemacht hatte. Ob er sein Häuschen im Winter warm bekam. Der kleine Grabosch stellte ihn mal auf laut, okay. Ob seine Sendung gleich anfing. Ob er die Belastung scheute, die eine Familie mit sich brachte. Ob er ahnte, was auf einen Hausbesitzer alles zukam. Ob er verlängerte Besuchszeiten für die Bank im Garten garantieren konnte, falls man zur Kooperation bereit wäre. Der kleine und der große Grabosch. Es sah ihnen gar nicht ähnlich, so entgegenkommend zu sein. Als hätte der kleine Grabosch jemals seinen jüngeren, aber größeren Bruder für immer aufgegeben.

VERLASSEN VON BRIEFEN AUS DEM EINUNDZWANZIGSTEN Jahrhundert. Sansibar, achtzehnter Oktober, meine lieben Freunde, ich habe euch heute alle zu mir bestellt, um euch etwas Wichtiges mitzuteilen. Ich hoffe, ihr habt nur das Nötigste eingepackt. Ich hoffe, ihr habt das kleine oder das große Blutbild machen lassen. Ich hoffe, ihr habt über die Aufrüstung eurer Kofferräume nachgedacht. Ich hoffe, ihr habt in den ländlichen Regionen nichts übersehen. Ich hoffe, ihr habt nichts dagegen, wenn ich das Radio lauter aufdrehe und die Tür schließe. Ich hoffe, ihr habt dafür Verständnis, dass wir uns organisieren müssen. Ich hoffe, ihr haltet euch alle noch nicht für mexikanische Serben. Ich hoffe, die Ärzte haben euch grünes Licht gegeben. Ich hoffe, euer Wunschalter von etwas über fünfzig bringt euch um den Verstand. Ich hoffe, ihr habt euer vorübergehendes Profilbild in den sozialen Medien ersetzt. Ich hoffe, dass ihr als Slammer eine höhere Lebenserwartung habt. Ich habe euch heute alle zu mir bestellt, um euch etwas Wichtiges mitzuteilen. Ich hoffe, eure Atemübungen sind bodenständiger geworden. Ich hoffe, ihr verzichtet im Berufsverkehr auf eure Krankheitsbilder. Ich hoffe, ihr seid vollzählig. Ich hoffe, ihr haltet euch alle noch nicht für mexikanische Serben.

X

Sansibar, EK

WOLF HAT EINEN STRENGEN WOCHENPLAN ENTWORFEN, um den Tagen Struktur und Würde zu verleihen. Sämtliche Dorfbewohner nehmen daran teil, um den Anschluss an die reale Welt nicht zu verlieren. Montags dient ein ausrangierter Bauwagen als U-Bahn-Waggon, in dem zehn Menschen Platz finden. Zwanzig Einwohner stehen etwa zehn Meter entfernt an einer Linie und stürmen nach einem Tonsignal in das Gefährt. Die sieben bis zehn Menschen, die es nicht in das Abteil geschafft haben, simulieren durch ein starkes Rütteln am Waggon das Losfahren bis ins Stadtzentrum. Am Dienstag wird trainiert, an einem wiederbelebten Geldautomaten zwischen den Bäumen am Feuerlöschteich keine Scheu zu haben, sich in vier bis fünf unterschiedlichen Sprachen zurechtzufinden, um in der Welt nicht leer auszugehen. Mittwochs findet immer die Europakonferenz in den ehemaligen Arbeiterwohnkomplexen statt. Diskussionen über soziale Gerechtigkeit, Altersdemut und Selbstverteidigung. Theorie und Praxis. Lehrbücher und Turnmatten. Internationale Fachreferenten aus Rastede, Berlin und Rüstersiel kommen hier zu Wort.

DAS ZERREISSEN VON BRIEFEN AUS EINEM ANDEREN JAHRhundert. Stone Town, dreiundzwanzigster Oktober, heute einen Igel mit Hungerknick an der Küste gesehen. Sofort die Europa-Konferenz abgebrochen. Krisenstab einberufen. Verleumder und Zwiespältige erschossen.

IN ZANDSCHOW SIND DIE WEICHEN INNERHALB DER EUropäischen Union für einen Neustart gestellt. In den Diskussionen und Gesprächen im alten Speisesaal geht es vor allem darum, wie trotz aller Hindernisse über alle Grenzen hinweg ein soziales Europa gestaltet werden kann, das den Einwohnern von Zandschow mehr Teilhabe ermöglicht. Ausgerollte Turnmatten. Ein Stufenreck und ein Barren in der Manege. Um zehn Uhr ist die Begrüßung durch Lorena Wittig aus Rüstersiel, Vorstand Sozialpolitik. Teschi beim Bodenturnen. Ach, Teschi. Alle wollen ein Kind mit ihr. Sie sprengt zwar die Konferenz. Aber sie hört zu. Denn eines haben alle diese Frauen hier gemeinsam. Von zehn Uhr fünfzehn bis zehn Uhr vierzig findet der Workshop »Für ein besesseneres Europa« statt. Bolo macht Beugestütze am Barren. Aber er hört zu. Bis um elf Uhr dürfen Fragen aus dem Publikum gestellt werden. Li und Dettel können als Einzige Spagat. Ihren Haaren sieht man das nicht an. Aber sie hören zu. Im Anschluss daran referieren Hans-Ludwig Graupert (SIV – Social Impact Vouchers) und Margitta Löndolf (EYES – Empowering Youth through Entrepreneurial Skills) darüber, wie wir der humanitären Verantwortung gegenüber den Flüchtlingen gerecht würden, ohne dabei die heimischen Arbeitssuchenden und Rentner zu vergessen, und welche Maßnahmen notwendig seien, damit nicht nur die Ballungszentren und großen Städte, sondern auch die ländlichen Gebiete um Höverlake, Zandschow und Rüstersiel von den Neuankömmlingen profitieren könnten. Teschi hört einfach nicht auf, sich am Boden zu langweilen. Gott ist bei dieser Frau das Wagnis eingegangen, alles in ihrer Umgebung als unbrauchbar erscheinen zu lassen. Seit wann hängt denn ein Kronleuchter im Speisesaal. Für dreizehn Uhr fünfzehn ist eine einstündige Mittagspause angesetzt. Wenn Teschi so weitermacht, ohne die geringste Salonfähigkeit und Gegenwehr, wenn sie es schafft, eine europäische Konferenz auf ihren Nullpunkt zurückzuführen, an einen Punkt, an dem die Staatsmannschaften ohne Frauen Ausdünstungskristalle bergen, unter den Tischen, Deckenlüstern, Smartphonehüllen, dann wird dem Catering nichts anderes übrig bleiben, als fürstlich und gemein blau anzulaufen, in seiner Schadensakrobatik und seiner mitgedachten Cleverness blau anzulaufen. Weiter geht es um vierzehn Uhr fünfzehn mit dem Workshop »Die Verletzlichkeit Kurdistans durch Waffengebrauch von allen falschen und fahrlässigen Seiten der Erde«. Bolo kann nicht mehr. Aber er hört immer noch zu. Li und Dettel schlendern tänzerisch zu Teschi rüber. Sie hören immer noch zu. Der Barren wird von Anhängern des Islamischen Staates aufgrund seiner Breitbeinigkeit vor dem Kongressgebäude einem doppelten Erschießungskommando zugeführt. Sie demonstrieren ihre Stärke selbst in ländlichen Regionen unumwunden. Ab fünfzehn Uhr sind wieder Fragen aus dem Publikum zugelassen. *Wie können wir zusammen mit unseren syrischen und kurdischen Mitbewohnern den Faschismus von Zandschow aus weltweit bekämpfen.* Das Stufenreck ist auf der Konferenz ohne internationale Bedeutung geblieben. *Was unternimmt die EU gegen die Armut und den Zauber in unserer Region.* Die Abschlussrunde beginnt nach einer ausführlichen Kaffeepause um sechzehn Uhr. *Mit welchem Recht macht die nationale Scheinlösung in Höverlake keinen Bogen um das Bauernhaus der Familie Sankari.* Die ausgerollten Turnmatten sollen für humanistische Zwecke bei Sotheby's versteigert werden, damit alle ohne Grundängste in Zandschow überleben können. Bolo massiert sich die Handgelenke und sieht zu Teschi rüber, besonders zu ihr, was Dettel und Li aber nicht sonderlich grämen sollte. Aber er hört weiterhin zu. Gott ist bei diesen Frauen das Wagnis eingegangen, alles in ihrer Umgebung als unbrauchbar erscheinen zu lassen. Selbst das Moscheenplakat am Rand von Rüstersiel.

DAS VERFASSEN VON BRIEFEN IN DER UNMITTELBAREN Umgebung. Hey, Bengt, geht's dir gut. Ich hoffe, du nimmst dir ein wenig Zeit, meine Nachricht zu lesen. Mir geht's nämlich beschissen. Ich bin übrigens Nella, siebenunddreißig Jahre alt, Unterstufenerzieherin. Ich habe dich auf einem Datingportal gefunden und fand es reizend, dass wir sozusagen Nachbarn sind. Ich bin zwar vergeben, aber im Bett läuft schon seit anderthalb Monaten nichts mehr. So etwas habe ich bisher noch nie gemacht, verstehst du, aber ohne Sex weiß ich einfach nicht mehr, wie ich meine Buntstifte heil in meine Federtasche zurückbekommen soll. (Smiley) Sex ist doch einfach mit das Schönste in einer langen Beziehung. Ich suche diskrete Dates in der Nachbarschaft, bei denen der Spaß einfach nicht zu kurz kommt. (Bussi) Wenn du davon nichts wissen willst, lösche diese Nachricht einfach. Ich bin auf solche Vollhonks wie dich nicht angewiesen. Ansonsten würde ich mich natürlich freuen, wenn wir uns treffen könnten. Auf www.shithappens99.de habe ich auch noch ein paar heiße Bilder für dich, damit du einen Körper zu dieser Mail hast. Suche mich unter Angel22. Bis gleich hoffentlich.

REDE DES KLEINEN GRABOSCH VOR DEN NATIONALISTEN auf dem Lande. Werte Anwesende, vor vielen Jahren kam ich mit nichts als einem Handwagen voller Gerümpel in Zandschow an, mit ein paar Klamotten, einem Gaskocher, persönlichen Papieren und einem riesigen Kronleuchter. Ich musste dafür keine feindlichen Meere in fahrlässigen Booten überqueren. Ich hätte mit meiner selbstgebauten Schwimmweste nicht gewusst, wo das Mittelmeer für mich aufhört. Ich musste keine Familienmitglieder in stinkenden, stotternden und verwesten Wohngruben zurücklassen. Den Kronleuchter hatte ich von einem entfernten Verwandten geerbt.

Kunstexperten und Antiquitätenhändler aus Höverlake und Umgebung schätzten seinen Wert auf etwa dreißigtausend Euro. Dreißigtausend Euro, das muss man sich mal vorstellen, werte Anwesende. Mein Bruder bekam ein Bauernhaus zugesprochen, das einen ähnlichen Wert wie das mir zugedachte Erbe aufwies. Leider gerieten wir darüber in Streit. Ein so wertvoller Kronleuchter machte doch nur dann einen Sinn, wenn er sich im Saal eines Palastes wiederfinden würde. Nicht auf dem Meer. Der Onkel hatte dieses Schmuckstück jahrzehntelang unter Strohballen in seiner Scheune aufbewahrt. Nicht auf dem Meer. Mein Bruder war nicht dazu bereit, sein Haus gegen einen Kronleuchter zu tauschen, obgleich der immerhin zwölf Arme hatte. Aber nicht auf dem Meer. Im Bauernhaus gab es nur Platz für einen von uns. Aber nicht auf dem Meer. Also nahm ich Abschied. Ich holte mein Erbstück aus der Scheune und legte es mithilfe meines Bruders auf die Transportfläche eines Handwagens. Nicht auf dem Meer. Ich bin damals bestimmt aufgefallen mit meinem Gefährt, aber nicht auf dem Meer, denn ich hatte mir vorgenommen, meinen Handwagen so vorsichtig, langsam und gleichmäßig zu bewegen, dass der Kronleuchter so lange wie möglich auf der Transportfläche liegen blieb. An der Stelle, an der mein gesamter Besitz vom Wagen herunterfallen sollte, wollte ich anhalten und ein neues Leben beginnen. Nicht auf dem Meer. Man musste mich schon gut kennen, um mir so etwas auch wirklich abzunehmen. Nie auf dem Meer. Ich hatte drei Versuche, um auszuschließen, künftig mit meiner abgeklemmten Lichtquelle in einem Wald, in einem Kornfeld oder in einem Flusslauf leben zu müssen, falls der Flusslauf gleich neben der Straße liegend zum Stehen kommen würde. Aber nie auf dem Meer. Das Ortsausgangsschild von Höverlake zählte noch nicht zu den drei Versuchen. Auf meiner Wanderschaft diente mir der goldene

Deckenlüster mit seinen Krakenarmen oft als Behausung. Niemals auf dem Meer. Ich spannte nachts Pullover, Jacken und Mäntel über die alten Stromgelenke und kam mir wie der Besitzer eines eigenen Anwesens vor. Aber niemals auf dem Meer. In groben, fahrlässigen Booten. Mein Korkhemd wäre das hoffnungsvolle Endprodukt meiner zerstörerischen Leichtigkeit gewesen. Aber wie, so frage ich Sie, werte Anwesende, wie hätte ich wohl ohne fremde Hilfe dieses Monstrum allein vom Handwagen herunterheben sollen. Aber niemals, niemals auf dem Meer. Die Familie Sankari, mit ihren zwölf Armen, aber auf dem Meer, mit Tüten, Papieren und einem Kronleuchter, in fahrlässigen Booten, am Bauernhaus entlang, seit wann hängt hier ein Deckenlüster, mit seinen zwölf Armen, Wasser in den Lungen, nasse, seilähnliche Willkommensgesten, nationalistischer Durchgangsverkehr, aber nicht mehr auf dem Meer, an den Bauernhäusern entlang, die Kinder mit kleineren Tüten und winzigen, münzgroßen Ausweisen, die auf den Wiesen ihrer neuen Heimat niemals untergehen. Aber wie, so frage ich Sie, werte Anwesende, wie hätten wir wohl ohne fremde Hilfe die Monster unter ihnen ganz allein zum Abtransport auf einen Wagen kriegen sollen, für einen Abtransport in Kriegsgebiete, auf fahrlässigen Booten, mit handgemachten Schwimmwesten aus Afrika, mit nichts als Tüten und persönlichen Papieren, die Schwimmwesten zu eng für Kampfsportfreaks und desolate, nationale Kneipenschläger, Wasser in den Lungen, verhasste Überfahrten, Geländegänge durch die Maghreb-Staaten, schlangenferne Wüsten, auf LKWs durch Syrien und den Libanon, Ägypten, aber in umgekehrter Reihenfolge, nasse, seilähnliche Willkommensgriffe, aus jedem Bombentrichter, jedem Loch, das einmal Wohnholz war und Überlebenstod, die Kampfsportfreaks auf fremdem Boden, Europäer, aber niemals, niemals auf dem Meer.

VERLASSEN VON BRIEFEN AUS DEM EINUNDZWANZIGSTEN Jahrhundert. Böhlen, achtundzwanzigster Oktober zweitausendneunzehn, mein liebes fünftes Teelicht, warum machen wir nicht mal wieder einen Frauenabend, wir könnten uns Sushi bestellen, was trinken und über alles reden. Ich stelle dich mal auf laut, okay. Bevor du in die Klinik einsankst, hattest du eine Lebenserwartung von über hundert Jahren. Routineuntersuchung. Röhrenschilf. Bildschirmnässe. Verhaltene Computerminestrone. Und jetzt. Es wäre so rassig gewesen, an deinen Beintätowierungen vorbeizuficken. Die Unschuld auf dem Lande vor dem Tod. Kakao von *Ja* löst sich nicht auf in Milch. Mach endlich das verdammte Fenster zu. Mein liebes fünftes Teelicht, du warst mein Marschbefehl, an Pampelmusenschalen und auch an Fruchtfliegen vorbei. Ich habe dich nie versetzt oder unschön behandelt. Woher nimmst du deine Gelassenheit, meinen Nachmittag mit deinem Ableben zu verderben. Ich habe mit den Ärzten auf der Station gesprochen. Sie geben dir noch drei bis sieben Monate. Bleibst du bei mir. Was man in dieser Zeit noch alles machen könnte. Hummeln in Flaschenhälse drücken. Ihnen unsere Freundlichkeit mit auf den Weg geben. Soldatenfrauen am Hals mit Wachs markieren. Die Sommerzeit unterjochen. Spielstraßen peinigen. Bevor du in die Klinik einsankst, hattest du eine Lebenserwartung von über hundert Jahren. Über hundert Jahre, das muss man sich mal vorstellen. Routineuntersuchung ist der Tod, mein liebes fünftes Teelicht. Das Brodeln und Rasseln subkutaner Niederlassungen. Schwäne. Schwäne. Die Schwäne. Die Schwäne. Schwäne über Schwäne. Die Schwäne über die Schwäne. Wir haben die Türsteher vor den Gewächshäusern angewiesen, bei zu niedrigen Temperaturen häufiger die Passwörter zu wechseln. Jupp die Geige. Du Bursche. Ich weiß, deine Sendung fängt gleich an. Hier wäre sonst auch noch Brot. Mein liebes fünftes Teelicht, warum machen wir nicht mal wieder einen Frauenabend, wir könnten uns Fleisch und Schnaps bestellen und dann beim Saufen über alles reden, hör auf mit den Pampelmusenschalen, hör auf mit der Verteilung von Zitronen an allzu Schmächtige im Landesinneren, hör auf mit den Fruchtfliegen, die kriegen wir nie, mach endlich das verdammte Fenster zu.

JEDES JAHR UM DIESE ZEIT ORGANISIERT WOLF AM TEICH das Darajani-Fest. Er spannt Hängematten zwischen den Bäumen auf, lässt Kanus aus dem Landesinneren an die Strände ziehen, verteilt Obst und Gewürze an das Partyvolk, schenkt Windhoek Lagerbier auf eigene Kosten aus und organisiert die Überfahrten zur Insel. In den Stoßzeiten bleiben wir lieber auf dem Eiland und besetzen alle zwölf Tische. Rudert ihr doch zum Nakupenda Beach rüber, wenn es euch hier zu voll ist. Die Arbeitersiedlung von Chem-Coast ist unsere Karl-Marx-Allee. Keramiktoiletten und fließendes Wasser. Erst die Industrie, dann die Unterbringung für die Werktätigen, aber in umgekehrter Reihenfolge. Ich bin nur selten zum Schlafen dort. Meine Tür verriegele ich dann von innen mit einem Balken. Spartanische Einrichtung. Matratze. Tisch. Stuhl. Wandschränkchen. Stehlampe. Hometrainer. Das Halsband am Fensterknauf. Die Nächte verbringe ich lieber mit den Einwohnern an der Küste. Mein Mietvertrag ist der Impfausweis. Keinerlei Vorkommnisse. Der Körper holt Luft. Der Körper tickt. Der Körper ist oft Heimat schwarzer, mitteilsamer Ränder. Meine Adresse ist ein internationales Halsband. Mein Postfach ist ein Teich. Meine Hoffnung auf ein neues Leben ist eine Verschwörungstheorie. Meine Finger am Halsband sind Bestandteile einer altmodischen Hinhaltetaktik. Aber in umgekehrter Reihenfolge. Ich bin jetzt tot, aber das ist gerade eure geringste Sorge. Gebt mir doch wenigstens die Chance, euch zu vernachlässigen. Auf Myspace war ich mal mit Björk befreundet. Einfach so. Ich habe es aber nur meinen besten Freunden erzählt, doch nicht jedem Dahergelaufenen. Bis zur nächsten Konferenz sollen Mimi, Mädel, Teschi und Jerry mit mir zusammen unsere Forderungen in einem Grundsatzpapier zum Ausdruck bringen. Denn eines haben alle diese Frauen hier gemeinsam. Wir dürfen dabei nicht zu viel trinken. Wir müssen für alle sprechen. Wir müssen uns endlich einbringen. Aber wir dürfen dabei nicht zu viel trinken. Die Stundenzahlen der Arabisch-Sprachkurse sollen in den ländlichen Regionen nicht erhöht werden. Wir fordern ein Recht auf Rente ab sechsundfünfzig Jahren. Aber die Bezüge dürfen nicht unter eintausendfünfhundert Euro liegen. Wir sind für eine drastische Absenkung der Diäten aller Bundestagsabgeordneten auf monatlich zweitausendfünfhundert Euro, da jeder gewählte Abgeordnete das Recht auf ein mittleres Einkommen haben soll. Ab einem Monatsgehalt von fünftausend Euro muss eine Reichensteuer abgeführt werden. Die daraus resultierenden Gelder dürfen nur in Schulen und Kindergärten investiert werden. Wir planen eine Zerschlagung des bundesrepublikanischen Beamtenapparates. Kein Mensch soll auf der Straße leben. Keine lebenslangen Bezüge mehr für Ex-Politiker, ebenso wenig das Recht auf eine möblierte Wohnung, täglichen Polizeischutz bis zum Ableben und einen Dienstwagen nebst Chauffeur. Wir fordern die Bevölkerung aus sicheren europäischen Herkunftsländern dazu auf, Asylsuchende auf alle öffentlichen Ämter zu begleiten und ihnen dort zur Seite zu stehen. Ich glaube nicht, dass wir zu viel getrunken haben.

XI

Zandschow, SP

WOLF HAT EINEN STRENGEN WOCHENPLAN ENTWORFEN, um den Tagen Struktur und Würde zu verleihen. Sämtliche Dorfbewohner nehmen daran teil, um den Anschluss an die reale Welt nicht zu verlieren. Montags dient ein ausrangierter Bauwagen als U-Bahn-Waggon, in dem zehn Menschen Platz finden. Zwanzig Einwohner stehen etwa zehn Meter entfernt an einer Linie und stürmen nach einem Tonsignal in das Gefährt. Die sieben bis zehn Menschen, die es nicht in das Abteil geschafft haben, simulieren durch ein starkes Rütteln am Waggon die Fahrt bis ins Stadtzentrum. Am Dienstag wird trainiert, an einem wiederbelebten Geldautomaten zwischen den Bäumen am Feuerlöschteich keine Scheu zu haben, sich in vier bis fünf unterschiedlichen Sprachen zurechtzufinden, um in der Welt nicht leer auszugehen. Mittwochs findet immer die Europakonferenz in den ehemaligen Arbeiterwohnkomplexen statt. Diskussionen über soziale Gerechtigkeit, Altersdemut und Selbstverteidigung. Theorie und Praxis. Lehrbücher und Turnmatten. Internationale Fachreferenten aus Rastede, Berlin und Rüstersiel kommen hier zu Wort. Am Donnerstag werden Konzentration und Fortbewegungsmagie geschult. Zwanzig Zandschower setzen an der Küste zwanzig identische Plastikschwäne aus und übernehmen zwei Stunden lang die Patenschaft über sie, indem sie sich so an Land bewegen wie die Tiere auf dem Wasser. Um allzu plumpe Körperreaktionen, die zu Gelächter führen könnten, zu verhindern, wird vor diesem Training mittels asiatischer Videofilme angeregt, Tanz- und Tai-Chi-Einlagen in die Bewegungen an Land mit einfließen zu lassen. Es ist strengstens untersagt, den jeweils eigenen Schwan mit Stiften oder Klebematerial zu kennzeichnen. Es steht jedem Einwohner frei, seinem schwimmenden Gefährten einen Namen zu geben, um ihn bei Unbeherrschtheit auf See oder ähnlich gelagerten Zuwiderhandlungen gegenüber seinen Mitstreitern zur Raison zu rufen. Ich nenne meinen Schwan Golli. Bei starkem Wind wird die Übung auf drei Stunden ausgedehnt. Wolf hat die Tiere aus Höverlake holen lassen, aus einem Lager für Strandutensilien und Badezubehör. Bei der Anlieferung wäre es beinahe zu leichten Tumulten gekommen, bis sich endlich alle davon überzeugt hatten, dass sich die Tiere auf der Ladefläche bis aufs Haar glichen. Das war gar nicht so einfach, da jedes einzelne Exemplar, in milchige Plastiktüten gehüllt, auf der Seite lag.

ZANDSCHOW, EINUNDDREISSIGSTER OKTOBER, DIE SCHWÄne, die Schwäne. Schwäne. Schwäne. Schwäne über Schwäne. Die Schwäne über die Schwäne. Die Schwäne. Den Feuerlöschteich könnte man auch getrost für keinen Feuerlöschteich halten. In der Mitte eine Insel. Bäume und Bänke am Ufer. Michamvi Beach. Zwölf Tische auf der Restaurant-Terrasse. Jede volle Stunde setzt ein Boot zum Eiland über. In den Stoßzeiten bleiben wir lieber am Strand. Wir haben uns angewöhnt, sowohl die Frauen als auch die Männer, an den Tagen, an denen wir dazu neigen, den Indischen Ozean mit unseren Füßen zu betreten, den Indischen Ozean in Zandschow mit unseren Füßen zu betreten. Gruber, Hillert, Benter, Teschi, Dettel, Ricky, Mädel, Digger, Mimi, der kleine und der große Grabosch, Li, Bolo, Jerry, Körperchen, Cloud, Sig und Pampel sind nur einige von uns, die ihren Schwan auf dem Wasser an Land begleiten müssen. Sig stößt ihren Schwan zuerst vom Ufer ab. Noch besitzt er ein Alleinstellungsmerkmal. Er treibt auf die Insel zu. Der Wind steht günstig. Mädel hat Angst, die Kontrolle zu verlieren, setzt ihren Schwan an der Seeseite, an der Wolfs Laden steht, ins Wasser. Er bewegt sich kaum vom Ufer weg. Gruber, Digger, Mimi und der große Grabosch werfen ihre Tiere auf drei in den Teich. Sie lachen, bleiben aber konzentriert im Kreis stehen und springen kurz alle gleichzeitig in die Höhe. Mädels Schwan stößt mit Diggers Schwan zusammen. Was heißt stößt. Es sieht aus wie eine unbeabsichtigte Rempelei, Gruber greift Mädel ins Haar. Diese Bewegung zwischen ihren Tieren war auf dem Wasser allerdings nicht zu beobachten, registriert Wolf. Reine Auslegungssache. Die Schwäne von Hillert, Benter, Teschi, Dettel und Ricky treiben inzwischen auch in der Lagune. Der Abstand zwischen Benter und Teschi ist nicht so groß wie der zwischen Dettel, Hillert und Ricky. Li würde sich wünschen, dass Bolos Schwan der Schwan vom kleinen Grabosch wäre, so langsam und selbstbewusst, wie der treibt. Sie muss sich auf Bolo zubewegen, behält aber den kleinen Grabosch im Auge, den es auf dem Wasser wie auf dem Lande eher zu Jerry zieht. Als hätte Mimi gar nicht begriffen, worum es bei dieser Übung geht, hat sie sich nach ihrer anfänglichen Freude an diesen unvorhersehbaren Bewegungen zwischen den anderen Einwohnern auf einer Bank am Ufer niedergelassen. Dass Benter nicht einen Augenblick lang von Körperchens Seite weicht, kann ihr nicht entgangen sein. Die Schwäne von Pampel und Cloud sind nicht von dieser Welt. Ihr anmutiges Ballett vor der Insel lässt Teschi und den großen Grabosch unkonzentriert werden. Grubers Schwan schwimmt weder Mädels Tier so ausdauernd hinterher, noch macht sie irgendwelche Anstalten, Grubers Schwan für das treibende Tier von Hillert zu halten, der sie zwischen den Bäumen mit der Hand in der Bauchgegend berührt. Wenn man überhaupt dazu neigt, das seitliche Gefieder einer beliebigen Bauchseite zu-

zurechnen. Wie schön und leicht wäre es gewesen, wenn nur Teschi und Jerry ihre Schwäne hätten kennzeichnen dürfen. So bleiben alle Bewegungen an Land nur vage Vermutungen. Pampel droht damit, auszusteigen, wenn die anderen nicht aufhören, Clouds Schwan für ihren eigenen zu halten. Er fängt an zu schwitzen. Cloud oder Jerry, eine von beiden tupft seine Stirn mit einem Taschentuch ab. Diese Bewegung zwischen zwei oder drei Schwänen ist auf dem Wasser gerade nicht zu vermerken. Außerdem stecken sie nie ihre Köpfe zusammen, um die Feuchtigkeit auf der Stirn ihres Kontrahenten oder Liebhabers wahrzunehmen. Und wenn es nun Teschis Schwan war, der für einen Moment die Kontrolle über seinen Geisteszustand verlor. Es sind noch nicht einmal fünfundvierzig Minuten vorbei. Ich hasse den Wind dafür, dass mein Gefährte im Schilf feststeckt. Wir haben lange überlegt, ob Wolf auch an diesem Spiel teilnehmen soll. Der Wind ist uns beiden nicht wohlgesinnt. Ich kann mir schon vorstellen, wo Wolfs Schwan jetzt am liebsten wäre. Michamvi Beach. Bäume und Bänke am Ufer. Jede volle Stunde setzt ein Boot zum Eiland über. In den Stoßzeiten bleiben wir lieber am Strand. Wir haben uns angewöhnt, sowohl die Frauen als auch die Männer, an den Tagen, an denen wir dazu neigen, den Indischen Ozean mit unseren Füßen zu betreten, den Indischen Ozean in Zandschow mit unseren Füßen zu betreten. Jerry war dafür, dass Wolf nicht außen vor bleibt. Zwanzig Schwäne für zwanzig Zandschower. War es möglich, dass Teschi mit Handbewegungen auf dem Rasen am Ufer die Windrichtung korrigierend beschwören wollte. Die Schwäne. Die Schwäne. Schwäne. Schwäne. Schwäne über Schwäne. Die Schwäne über die Schwäne. Die Schwäne über die Schwäne. Golli im Schilf. Wie sollte ich denn Teschi, Jerry, Mimi und Mädel jemals ins Haar oder an den Bauch greifen. Mädels Schwan stößt mit Grubers Schwan zusammen. Was heißt stößt. Es sieht aus wie eine unbeabsichtigte Rempelei. Digger greift Mädel ins Haar. Diese Bewegung zwischen ihren Tieren war auf dem Wasser allerdings nicht zu beobachten, registriert Wolf. Reine Auslegungssache. Li würde sich wünschen, dass der Schwan vom kleinen Grabosch Bolos Schwan wäre, so langsam und selbstbewusst, wie der treibt. Sie muss sich auf den kleinen Grabosch zubewegen, behält aber Bolo im Auge, den es auf dem Wasser wie auf dem Lande eher zu Jerry, Teschi oder Mädel zieht. Als hätte Mimi gar nicht begriffen, worum es bei dieser Übung geht, hat sie sich nach ihrer anfänglichen Freude an diesen unvorhersehbaren Bewegungen zwischen den anderen Einwohnern auf einer Bank am Ufer niedergelassen. Dass Körperchen und Dettel nicht einen Augenblick lang von Benters Seite weichen, kann ihr nicht entgangen sein. Der Wind dreht. Das Schilf ist nicht von dieser Welt. Ich schlendere zu Jerry rüber. Pampel kommt auf mich zu. Er schwitzt schon weniger. Warum Mimi auf die andere Seite der Bank rutscht, kann daran liegen, dass Körperchen auf sie zuschwimmt. Mädel hat Angst, die Kontrolle zu verlieren. Hillerts Hand müsste jetzt eigentlich am Körper anliegen und Grubers Beine streifen, wenn Golli weiter im Schilf feststecken würde. Ich kann mir schon vorstellen, wo Teschis Schwan jetzt am liebsten wäre. Es sind noch nicht einmal zweiundfünfzig Minuten vorbei. Die Bewegungen haben an Melodie verloren. Dabei geht es hier doch nicht ums nackte Überleben. Mimi ist von der Bank aufgestanden und weicht Körperchen und Jerry nicht mehr von der Seite. Sie bilden einen Kreis an der Küste. Ohne Benter wäre diese Familienaufstellung aber sinnlos. Niemand will nur mittlere Cousine oder kleine Schwester sein. Diggers Schwan zeigt Jerrys Tier den Weg ins Schilf. Ob Wolf nun mitmacht oder nicht. Er bewegt sich kaum vom

Ufer weg. Hillert, Ricky, Mimi und Dettel lachen, bleiben aber konzentriert. In ihren Bewegungen lauern kleine, ungestüme Verhaltensmuster. Wäre es doch nur mit einer einstündigen Choreographie getan. Der kleine Grabosch hätte Jerrys Schulterblatt fast in den Mund genommen. Doch Jerry bog und dehnte sich, als Grabosch in der Nähe gähnte. Dabei war Digger so viel dichter an ihr dran. Im Schilf. Am Ufer. Ohne einen Wind. Jerry würde sich wünschen, dass Diggers Schwan das Tier vom kleinen Grabosch wäre, so langsam und selbstbewusst, wie das so vor sich hintreibt. Sie muss sich auf den großen Grabosch zubewegen, damit der kleine Grabosch endlich Fahrt aufnimmt, behält dabei aber Ricky im Auge, den es auf dem Wasser wie auf dem Lande eher zu Mimi, Teschi oder Mädel zieht. Es sind noch nicht einmal anderthalb Stunden um. Wolf wird Mädel, Jerry und Mimi wohl aufgeben müssen bei diesem Wind. Benters Geduld ist nicht von dieser Welt. Der Schwan des großen Grabosch hat für den Schwan des kleinen Grabosch alles aufgegeben, treibt nicht mehr und wenn, dann nur noch für sich. Wolf hält Teschi einen Schlüssel hin. Aber Schwäne nehmen keine harten Geschenke von Fremden. Das Schilf, das Schilf ist nicht von dieser Welt. Wenn das Familien aus dem Nahen Osten sehen würden. Das Schilf. Die Schwäne. Und auch das Übersetzen auf die Insel zu jeder vollen Stunde. Claasens Hand müsste jetzt eigentlich am Körper anliegen und Mädels Beine streifen, wenn sich die Schwäne von ihr, Jerry und Li nicht zum Verwechseln ähnlich sehen würden. Wäre es doch nur mit einer fast zweistündigen Choreographie getan. Im Schilf. Am Ufer. Ohne Wind. Die Schwäne antriebsschwach und führerlos. Digger würde sich wünschen, dass Bolos Schwan der Schwan von Cloud wäre, dessen Gefieder mit dem Schilf verwächst, das sich bewegt. Mimi hält zu Dettel an der Küste, obwohl der Schwan von

Benter vor einem Tritt von Körperchen zurückschreckt und keinem Wind mehr traut. Ich schlendere zu Jerry rüber, will aber zu Teschi und Mädel. Pampel kommt auf mich zu. Er schwitzt nicht mehr vor Cloud, die ihn beschwichtigt, nicht ganz so abweisend zu sein, wenn es um Sig und Dettel geht. Ich meinte Mimi. Wolf hält nicht umsonst noch beide Hände hoch. Die Schwäne ohne Plan und Cleverness. Verbraucht und müde. Wie Dettel da an Wolf vorbeigeht, hat was von desolatem Marschbefehl. Ich glaube nicht, dass Mimi Benter eben mit einer Tellerscherbe bedroht hat. Das Ufer ist nicht gerade für Porzellanzusammenrottungen bekannt. Hillert sollte lieber die verbleibenden Minuten auf seinen Schwan achten, der sich zwischen Jerry und Mädel gedrängt hat, als seine Schwebekräfte neben Li und Ricky zu verplempern. Gruber, Dettel und der große Grabosch lachen, bleiben aber bis zuletzt konzentriert. In den Stoßzeiten bleiben wir lieber am Strand. Wir haben uns angewöhnt, sowohl die Frauen als auch die Männer, an den Tagen, an denen wir dazu neigen, den Indischen Ozean mit unseren Füßen zu betreten, den Indischen Ozean in Zandschow mit unseren Füßen zu betreten. Wir betreten das Wasser, das an den gefährlichsten Stellen höchstens ein Meter fünfzig tief ist, in Schuhen und Stiefeln. Steine, Piratenreste, herabgesunkene Exkremente. Unsere Schwäne fliehen. Ich stehe neben Jerry und Mädel. Warum sind unsere Tiere nicht näher beieinander. Mimi teilt die Tiere von Hillert, Gruber und Körperchen mit ihren Handflächen. Wolf taucht seinen Kopf unter Wasser. Die Schwäne schaukeln und schwanken. Mimi hat ihre Tellerscherbe Körperchen in die Hand gedrückt, um Benters Schwan, ohne ihn zu verletzen, umarmen zu können. Li, Jerry und Teschi wirken im Ozean viel glücklicher als am Strand. Mein Golli im Schilf. Wie sollte ich denn Teschi, Jerry, Mimi, Mädel und Li jemals ins Haar oder an den Bauch greifen dürfen, wenn mein Schwan genauso gut Hillerts, Grubers, Rickys, Bolos, Pampels, Benters, Diggers oder der Schwan des jeweiligen Graboschbruders sein könnte. Ich gehe im Wasser auf Mimi zu, die sich abwendet, weil Körperchen an Benter eine Scherbe weiterreicht, die Wolf am Strand gefunden haben will, um damit Jerry zu beeindrucken, die weint, aus Angst, dass Hillert, Bolo und auch Gruber etwas falsch verstehen und danach um Teschi, Li und Mädel buhlen könnten, die langsam frieren, ihre Tiere nicht erkennen, zittern, blaue Lippen kriegen, aber nicht von Pampel, Digger und Ricky dafür in den Arm genommen werden wollen, wenn doch der Wolf und ich, der kleine und der große Grabosch, wenn wir das alle so viel besser könnten, aber niemals, niemals auf dem Meer.

XII

Sansibar, WU

WOLF HAT EINEN STRENGEN WOCHENPLAN ENTWORFEN, um den Tagen Struktur und Würde zu verleihen. Sämtliche Dorfbewohner nehmen daran teil, um den Anschluss an die reale Welt nicht zu verlieren. Montags dient ein ausrangierter Bauwagen als U-Bahn-Waggon, in dem zehn Menschen Platz finden. Zwanzig Einwohner stehen etwa zehn Meter entfernt an einer Linie und stürmen nach einem Tonsignal in das Gefährt. Die sieben bis zehn Menschen, die es nicht in das Abteil geschafft haben, simulieren durch ein starkes Rütteln am Waggon das Losfahren bis ins Stadtzentrum. Am Dienstag wird trainiert, an einem wiederbelebten Geldautomaten zwischen den Bäumen am Feuerlöschteich keine Scheu zu haben, sich in vier bis fünf unterschiedlichen Sprachen zurechtzufinden, um in der Welt nicht leer auszugehen. Mittwochs findet immer die Europakonferenz in den ehemaligen Arbeiterwohnkomplexen statt. Diskussionen über soziale Gerechtigkeit, Altersdemut und Selbstverteidigung. Theorie und Praxis. Lehrbücher und Turnmatten. Internationale Fachreferenten aus Rastede, Berlin und Rüstersiel kommen hier zu Wort. Am Donnerstag werden Konzentration und Fortbewegungsmagie geschult. Zwanzig Zandschower setzen an der Küste zwanzig identische Plastikschwäne aus und übernehmen zwei Stunden lang die Patenschaft über sie, indem sie sich so an Land bewegen wie die Tiere auf dem Wasser. Um allzu plumpe Körperreaktionen, die zu Gelächter führen könnten, zu verhindern, wird vor diesem Training mittels asiatischer Videofilme angeregt, Tanz- und Tai-Chi-Einlagen in die Bewegungen an Land mit einfließen zu lassen. Es ist strengstens untersagt, den jeweils eigenen

Schwan mit Stiften oder Klebematerial zu kennzeichnen. Es steht jedem Einwohner frei, seinem schwimmenden Gefährten einen Namen zu geben, um ihn bei Unbeherrschtheit auf See oder ähnlich gelagerten Zuwiderhandlungen gegenüber seinen Mitstreitern zur Raison zu rufen. Ich nenne meinen Schwan Golli. Bei starkem Wind wird die Übung auf drei Stunden ausgedehnt. Wolf hat die Tiere aus Höverlake holen lassen, aus einem Lager für Strandutensilien und Badezubehör. Bei der Anlieferung wäre es beinahe zu leichten Tumulten gekommen, bis sich endlich alle davon überzeugt hatten, dass sich die Tiere auf der Ladefläche bis aufs Haar glichen. Das war gar nicht so einfach, da jedes einzelne Exemplar, in milchige Plastiktüten gehüllt, auf der Seite lag. An den Freitagen soll jeder der Ortsansässigen mit Papier, Streichhölzern, Früchten und Kalendersprüchen demonstrieren, wie der Weltuntergang manipulativ aufzuhalten sein könnte. Das Wochenende ist allein der Naherholung an der Küste vorbehalten. Die Welt ist das Größte auf der Erde. Fragt doch die Halsbänder. Essen steht auf dem Herd.

HEUTE HATTE ICH DAS GEFÜHL, MIT PAMPELMUSENSAFT und Kurkuma etwas für meine Gesundheit in der Fremde tun zu können. Ich rieb den Rücken meiner Hängematte damit ein, mein Strohdach und das Zelt, aber das Zelt nur an den Schienenbeinen der Heringe. Kaum Menschen an der Küste. Bäume und Bänke am Ufer. Michamvi Beach. Zwölf Tische auf der Restaurant-Terrasse. Jede volle Stunde setzt ein Boot zum Eiland über. In den Stoßzeiten bleiben wir lieber am Strand. Ab und zu kommt bei mir die Sehnsucht auf, von einem Auto in der Heimat erfasst zu werden. Aber ich traue diesem Heimweh nicht. Ich habe in dieser Wildnis ein neues Leben begonnen. Die ständigen Gerüchte über die Taschendiebstähle am Forodhani-Food-Markt oder die religiösen Unruhen zwischen Muslimen und Christen auf Unguja und Pemba, die meilenweit von meiner Stadt entfernt sind, konnten mich letztlich nicht abschrecken, hier leben zu wollen. Innerhalb der Mauern Stone Towns patrouillieren täglich zwölf Polizisten. Die weniger frequentierten Gegenden lässt du in den Nächten besser links liegen. Der von Uamsho-Anhängern geforderte Dresscode für Ausländer konnte von den Behörden nicht durchgesetzt werden. Ein Sultanreich für eine Jogginghose. Ich nutze hier ausschließlich registrierte Taxis, erkennbar an weißen Kennzeichen und einem gelben, grünen oder blauen Längsstreifen auf der weißen Karosserie. Ich wohne mit Vorliebe in Gegenden, in denen im Notfall jede Hilfe für mich zu spät käme. Meinen Freunden habe ich geschrieben, dass sie bei der Ankunft auf dem neu eröffneten dritten Terminal des Internationalen Flughafens bitte bedenken sollen, dass es dort bislang, im Gegensatz zum zweiten Terminal, keinen Taxistand gibt, aber bedenklich viele taxiähnliche Fahrzeuge.

DAS ZERREISSEN ALTER BRIEFE AUS DEM ZWANZIGSTEN Jahrhundert. Sehr geehrter Scheich Abeid Amani Karume, erster April neunzehnhundertvierundsechzig, es ist uns eine große Ehre, Sansibar unter den neuen sozialistischen Volksrepubliken begrüßen zu dürfen. Neben unserer Arbeit gegen die Bundesrepublik Deutschland haben wir die Aufbauhilfe für die Dienste junger Nationalstaaten zu einem Schwerpunkt unserer Tätigkeit gemacht. Da, wie mir bereits von Ihrem Feldmarschall John Okello versichert wurde, die Gewürznelkenernte wohl in diesem Jahr ausfallen und Sansibar wirtschaftlich ruinieren wird, haben wir beschlossen, Ihrer Republik in den kommenden Jahren eine umfangreiche Militär- und Wirtschaftshilfe zu gewähren. Im Hinblick auf die weltweite Auseinandersetzung mit dem imperialistischen Klassengegner möchten wir Ihnen anbieten, führende Offiziere des MfS und der NVA in den künftigen Neubausiedlungen von Stone Town anzusiedeln, um mit diesen qualifizierten Kräften einen gut funktionierenden Geheimdienst in Ihrem Land aufzubauen. Um die sicherheitsdienstlichen Strukturen in Sansibar in vollem Umfang anzugehen, können wir Ihnen Schulungen vor Ort gewähren oder Ihnen anbieten, verdienstvolle sozialistische Bürger Ihrer jungen Republik auf unserem Territorium, an der Juristischen Hochschule in Golm, ausbilden zu lassen. Der Unterricht würde Theorien des Marxismus-Leninismus, Verwaltung und Technik, geheimdienstliche Aufklärungsarbeit sowie die Unterweisung im Umgang mit Handfeuerwaffen beinhalten. Dass wir Ihnen natürlich auch modernste Überwachungstechnik zur Verfügung stellen, versteht sich wohl von selbst. Die berechtigte Sorge, dass die jungen, gut ausgebildeten Fachkräfte auf das afrikanische Festland auszuwandern gedenken, werden wir mit unseren Möglichkeiten zu minimieren wissen. Als Zeichen unserer neuen, sozialistischen Verbundenheit entsenden wir Ingenieure und Arbeitskräfte, die im alten Stadtkern nach unserem Vorbild Plattenbauten für die Bevölkerung errichten. Die Neubaugebiete Kikwajuni und Michenzani werden die ersten mit Keramiktoiletten und fließendem Wasser sein. Die berechtigte Sorge, dass die jungen, gut ausgebildeten Fachkräfte auf das afrikanische Festland auszuwandern gedenken, werden wir mit unseren Möglichkeiten zu minimieren wissen.

Mit brüderlichen Grüßen, Ihr Markus Wolf, Generalmajor.

STONE TOWN, ACHTER NOVEMBER ZWEITAUSENDNEUNzehn, wir gehen gemeinsam mit der Familie Sankari einkaufen. Das heißt aber nicht, dass wir jetzt zusammen sind. Papier, Streichhölzer, Früchte und Kalender. Seit wann hängt denn ein Kronleuchter im Speisesaal. Die Pampelmusen, Äpfel und Zitronen mit Papier umwickelt. Die Streichhölzer im Abstand von wenigen Zentimetern mit einem Kronkorken bis zum roten Köpfchen durch die Papierschale in die Früchte gedrückt. Gleich daneben ein weiteres Zündholz, mit Körperkontakt und hochgerecktem Hals, weithin sichtbar an den Berghängen. Masern auf dem Lande, Pusteln, Scharlach, Fieber, dermatologische Entzündungsherde. Der jüngere Teil der Dorfgemeinschaft auf See, ja, der jüngere Teil. Der ältere Teil eines Korallenriffs freut sich auf Weihnachten. Jeder von uns war im Besitz eines sauberen Kronkorkens ohne Seriennummer. Jeder von uns war schon mal im Shoot-Club in Rüstersiel, um sich mit Abwehrmitteln einzudecken. Auch mit einer Armbrust kann man dem politischen Gegner auf dem Lande Bewegungsangebote unterbreiten. Wolf geht durch die Reihen und legt zuerst einen Brand auf den Pampelmusenfeldern der Familie Sankari. Die Köpfchen fangen Feuer und greifen auf die Weltumseglung der Papiere über. Fragile schwarze Pfähle auf den Hügeln. Ein Hauch von Schmetterlingskadavern. Die Winde sind die Gewichtheber unter den Leisetretern. Das Glühen der Bekaa-Ebene. Kein Strom. Kein Wasser aus den Plastikwänden. Der kleine und der große Grabosch basteln aus den verbrannten Papierfetzen eine Handvoll Hygieneartikel. Die sonnenverwöhnte Ebene zwischen den Bergzügen des Libanongebirges und dem Anti-Libanon gilt als Früchtekammer des Landes. Die Zelte sind die Häuser der Verschläge. Wir treffen keinen Europäer an den Brunnen. Die Söhne der Sankaris tragen Dusch- und Koch- und Löschwasser getrennt in die Umgebungsheimat der Familie. Wir sitzen zusammen am Tisch und spielen Händeturm. Chakib beginnt und legt die linke Hand flach in die Mitte eines Speisetisches. Ricky träumt, dass Jerry denkt, es sei zum Glück bald Wochenende. Faisal ist viel zu schnell mit seiner Hand und wartet fast nicht mehr auf Nurbanu und Hadidza, die ihre Hände ausgerechnet jetzt zu ungelenken Spielgebeten aufeinanderpressen, bis Chakib weint und seine Hand vor dem Ersticken rettet. Wer Faisal kennt, der weiß, dass er für seine Schwestern alles geben würde, und sei es nur einen Unterschlupf für ihre Hände. Der Turm auf diesem Tisch könnte der Gipfel, könnte Talaat Musa sein und ist doch nichts. Die zweiten Hände sind die ersten. Aber in umgekehrter Reihenfolge. Die ersten Hände von Faisal und Hadidza sind weder irritiert vom falschen Ablauf noch von der Gegenwart der Europäer hier im Lager. Ihre Hände wie zum Atmen auf dem Tisch übereinander. Und auch unsere Hände nach den Bränden wie gestapelt. Das Glühen der Bekaa-Ebene. Zwischen den Bergzügen des Libanongebirges und dem Anti-Libanon. Schwarze fragile Pfähle auf den Hügeln. Die aufgeschichtete Verschleierung von Wohnetagen. Ein Hauch von Schmetterlingskadavern ist Grenzerweiterung nach oben. Die Aschezeit unbelehrbarer Früchte. Wolf geht durch die Reihen und legt zuerst einen Brand auf den Pampelmusenfeldern der Familie Sankari. Die Köpfchen fangen Feuer und greifen auf die Weltumseglung der Papiere über. Die Wunderkerzen der Laternen auf den Krümmungen des Erdballs. Als wären wir nicht in Zandschow. Als wären wir hier nicht in Sicherheit. Wir haben Löschwasser getrunken. Wir haben das Kochwasser zum Verrat an der Zivilbevölkerung angestiftet. Wir haben mit dem Duschwasser die Krise europäischer Zitronen übergossen. Die Familie Sankari, mit ihren zwölf Armen, aber auf dem Meer, mit Tüten als Schwimmwesten, in fahrlässigen Booten, am Bauernhaus entlang, seit wann hängt hier ein Deckenlüster, mit seinen zwölf Armen, Wasser in den Lungen, nasse, seilähnliche Willkommensgesten, nationalistischer Durchgangsverkehr, aber nicht mehr auf dem Meer, an den Bauernhäusern entlang, die Kinder mit kleineren Tüten und winzigen, münzgroßen Ausweisen, die in den überlebensmüden Pfützen dieses Zeltlagers nie untergehen. Wir schicken die Söhne, wir schicken Chakib und Faisal wieder und wieder mit ihren Eimern los. Wir haben uns angewöhnt, sowohl die Frauen als auch die Männer, an den Tagen, an denen wir dazu neigen, den Ozean mit unseren Füßen zu betreten, den Ozean in Zandschow mit unseren Füßen zu betreten. Seit wann hängt denn ein Kronleuchter im Speisesaal. Aber nie über dem Meer. Kann mal bitte einer von euch diese Festbeleuchtung ausmachen. Das Glühen der Bekaa-Ebene. Die Brände der Früchte. Das Fiebern fremder Händetürme. Die Idee von der Auslöschung des Einzelnen ist mehr wert als die Bewunderung der ganzen Welt. Wie kommt es, dass wir heute so müde sind. Sag du es mir, Tesch. Sag du es mir, Abadi.

XIII

Lankow, RT

ALS ICH MIT MEINEM SCHWESTERCHEN NOCH IM WALD lebte, wäre ich nie auf die Idee gekommen, mal für ein Jahr nach Mecklenburg zu gehen, Deutsch zu lernen und dort meinen Taxischein zu machen. Im Falle des Ablebens unserer Eltern wollte ich mir von meinem Schwesterchen für die Dauer meines Aufenthaltes in Schwerin einen Trauerplan erstellen lassen. Montags von zwölf Uhr fünfzehn bis vierzehn Uhr an Fruchtsäfte, Tablettenrationen und an die Geschenke für die Pfleger denken. Wenigstens daran denken. Mit dem Taxi heute nach Wiligrad gefahren. Mein Taxi ist gelb. Dienstags nach dem Aufstehen eine Nummer anrufen, die es nicht gibt, und sich dann in einem für alle Seiten verlässlichen Zwei-Stunden-Takt im Augustenstift und im Haus Lankow nach dem Wohlergehen der Eltern erkundigen. Ich habe vorher noch nie ein Schloss auf dem Lande gesehen. Mittwochs von siebzehn Uhr fünfzehn bis neunzehn Uhr zwanzig das Abendbrot so zu uns nehmen, als wären unsere Hände die Hände der Pfleger, die uns das Essen und das Trinken reichen. Das Brot mit Streichkäse auch mal abwehren. Die Lippen vor dem Reiterchen zusammenpressen. Mit dem Kopf schütteln. Hoffentlich bekomme ich in Mecklenburg keine Zahnschmerzen. Donnerstag kurz vor dem Mittagessen sich auf das Mittagessen freuen. Mehr gibt es tagsüber nicht, worauf man sich sonst freuen könnte. In diesen Sälen können wir immerhin etwas zu uns nehmen und gemeinsam stundenlang Dinge erleben. Es wäre von Vorteil, das Umfeld für das Kreativpersonal zu optimieren. Knochenbrüche von Wälderresten. Ich bitte dich, freitags vor der Bettruhe so zu tun, als hätten wir Windeln um und könnten uns an früher erinnern. Meine Mutter genoss das Leben in all seiner Wildnis und Vergeblichkeit. Als mein Vater fünf Jahre später in mein Bett sah, lag mein Schwesterchen drin und war noch kein Reh. Ich hatte nie etwas übrig für seine tolerante Gnade. Ich war das Mitbringsel meiner Mutter. Mein Taxi ist gelb. Der Starttarif liegt bei drei Euro und achtzig Cent. Man muss ja sehen, wo man bleibt. An den Wochenenden, an den Samstagen, an den Sonntagen, an allen Wochenenden, von morgens bis abends an mein Schwesterchen denken, wie sie im Zug unterwegs ist, die Taschen voll mit Getränken, Arzneimittelvorschlägen, Äpfeln, Bananen, Haselnussschnaps, Paprika, Erdnüssen, Prinzenrollen, Reinigungstüchern, Haartuchtrocknern, Bettwäsche, Versicherungsbriefen und Personalüberprüfungsanalysen. Wenn ich nur wüsste, wo diese Heime liegen. Wenn ich doch nur eine Ahnung hätte, wie sich das Betreuen vom Besuchen unterscheidet. Vom Bahnhof nimmt sie das Taxi, geht zu Fuß oder fährt mit der Bahn. Alles an den Wochenenden. An ihren Wochenenden. Als hätte sie nichts anderes zu tun, als mir in ihrer wahnhaften Besessenheit mein Versagen aufzuzeigen. Während ich Deutsch lerne. Während ich an meinen Taxischein glaube. Während ich an den Wochenenden, vor allem an meinen Wochenenden, nach Wiligrad fahre, im Schloss durch den Herrschafts- und den Wirtschaftsflügel schlendere, an der Elisabeth-Quelle verweile und mir ziemlich sicher bin, dass ich das jetzt jedes Wochenende mache.

HÄTTE ICH DOCH NUR VON DER ERSTEN QUELLE GEKOSTET, dann würde ich jetzt an den Wochenenden, an den Samstagen, an den Sonntagen, an allen Wochenenden, von morgens bis abends nicht mehr an mein Schwesterchen denken, wie sie im Zug unterwegs ist, die Taschen voll mit Getränken, Arzneimittelvorschlägen, Äpfeln, Bananen, Haselnussschnaps, Paprika, Erdnüssen, Prinzenrollen, Reinigungstüchern, Haartuchtrocknern, Bettwäsche, Versicherungsbriefen und Personalüberprüfungsanalysen. Vom Bahnhof nehme ich ein Taxi, gehe zu Fuß oder fahre mit der Bahn, die aber gar nicht bis zum Haus Lankow fährt. Alles an den Wochenenden. An meinen Wochenenden. Wenn ich nur wüsste, wo sich diese Heime befinden. Wenn ich doch nur eine Ahnung hätte, wie sich das Betreuen vom Besuchen unterscheidet. Als hätte ich nichts anderes zu tun, als ihr in meiner wahnhaften Besessenheit ihr Versagen aufzuzeigen. Während sie sich über einen Briefumschlag mit Salmiakpastillen freut. Während sie darüber lachen kann, wie schön es ist, auch mal tot und entspannt sein zu dürfen. Während sie mit Novaminsulfon- und Pantoprazolverpackungen kleine Flugdrachen baut. Während sie an den Wochenenden, an all ihren Wochenenden, an denen sie nicht arbeiten muss, endlich mal nicht den geringsten Gedanken daran verschwendet, ob sich Bluthochdrucktabletten und Ibuprofen vertragen und mögliche Unverträglichkeiten vorab mit dem Hausarzt, dem Urologen, dem Neurologen und dem Taxifahrer bezüglich der Bedarfstabletten abgeklärt wurden. Sie glaubt, sie macht das jetzt jedes Wochenende. Das goldene Strumpfband ist der blanke Hohn. Bei einem Tiger oder einem Wolf mit einem blinkenden Binsenbändchen um den Hals zucken nicht mal die Zebrastreifen auf dem Obotritenring.

SCHWERINER WOCHENMARKT, PLATZ DER FREIHEIT, zwölfter Februar. An einem der Stände kaufte ich mir für zwanzig Mark ein Nationalmannschaftstrikot von Littbarski mit der Rückennummer sieben. Ich legte mich in diesem Trikot, nach einem Tritt des Fischhändlers, minutenlang mit schmerzverzerrtem Gesicht vor die Bottiche des Blumenverkäufers. Dort versprach ich mir eher Zuspruch als vor den Tischen mit Nippes und Elektrogeräten. Ein paar Deutsche trugen mich vom Spielfeld. Es war ein Wunder, dass ich diesen Tritt ohne zukünftige Leiden überhaupt überleben konnte. Mein Taxi ist gelb. Der Starttarif liegt bei einer Mark. Man muss ja sehen, wo man bleibt. Von meiner Mutter habe ich das Übertreiben gelernt, das Übertreiben aller erdenklichen Dinge. Wenn ich sie fragte, Mami, was denkst du, wie teuer diese Baumrinde hier ist, wenn gerade keine Baumrinde zur Hand war, sagte sie, ohne zu zögern: eine Millionen Mark. Mein Taxi ist gelb. Der Starttarif beläuft sich auf zwei bis drei Mark. Ich glaube, ich mache das jetzt jedes Wochenende.

LANKOW, ELFTER FEBRUAR. MIT DEM TAXI NACH WILIgrad gefahren. Habe mir ein Zimmer im Gästehaus genommen. Terrasse, Grillplatz, einfache Tagungstechnik. Es sind nur ein paar Schritte bis zum Schweriner See. Bett mit Moskitonetz. Jackenhänger. Wenn ich im Bad stehe, kann ich mein Auto sehen. Musste an meine Mutter und an mein Schwesterchen denken. Das Leben auf den Autobahninseln. Zandschow und Höverlake. Dusslig rumstehen und Durst haben. Ich habe alles so restlos satt. Die militante Unentbehrlichkeit der Angehörigen im Betreuungsfall. Die Verschwendungssucht der Selbstgerechtigkeit. Die moralische Angriffslust der Empörung. Im glücklichsten Fall hast du Eltern und Geschwister, die du liebst. Im unglücklichsten Fall hast du Eltern und Geschwister, kurz vor deinem Tod, die dir egal sind. Mein Taxi ist gelb. Der Starttarif liegt bei fünf Euro. Man muss ja sehen, wo man bleibt. Ich fahre für einen privaten Anbieter. Er hat seine vier Fahrzeuge umspritzen lassen. Gelb und weiß. Mein Taxi ist gelb. Ich glaube, ich mache das jetzt jedes Wochenende. Die ausländische Pflegekraft kümmert sich um alles. Mein Vater weiß nicht, dass heute Dienstag ist.

NACHRICHT VON MEINEM SCHWESTERCHEN. ICH WEISS, dass es Zeiten gab, in denen du auch eine Hilfe warst. An diese Zeiten kann ich mich nicht erinnern. Ich fahre jetzt Taxi. Wäre ich ein Tiger oder ein Wolf, gäbe es euch alle schon lange nicht mehr. Mein Starttarif beläuft sich auf neun Euro. Wer damit Probleme hat, soll wieder aussteigen oder wird zur Entsorgung in die Walachei gefahren. Man muss ja sehen, wo man bleibt. Wird ein Officer von einem Touristen gebeten, ein Taxi zu rufen, und ich bin gerade in der Nähe, stelle ich meinen Taxameter auf zehn Euro zurück. Dann kann ich mir sämtliche Umwege sparen, da Adresse, Kennzeichen und Sitzpolsterungsfarbe bekannt sind. Einmal zum Supermarkt und zurück. Einmal ist es meiner Mutter zu Lebzeiten passiert, dass sie vom Hamburger Flughafen über Duvenstedt und Bargteheide an die Binnenalster gefahren wurde. Solche Taxifahrer sollte man auf der Stelle rein kolumbianisch aus dem Verkehr ziehen. Allerdings hatte sie mir verschwiegen, dass der Fahrer sie so schön fand und mit ihr den längsten Nachmittag ihres Lebens bei seinen Eltern in Kaltenkirchen verbrachte. Aber in umgekehrter Reihenfolge. Über Kisdorf-Feld und die A7 nur fünfundvierzig Minuten. Mein Vater war außer sich, als er zu Hause am Telefon hörte, wie sehr sie bei dieser Fahrt betrogen worden war. Mein Taxi ist gelb. Der Starttarif liegt bei elf Euro. Man muss ja sehen, wo man bleibt. Ich glaube, ich mache das jetzt jedes Wochenende.

HEUTE HATTE ICH DAS GEFÜHL, MIT EINER ARMBRUST den Schweriner See beenden zu können. An seiner flachsten Stelle. Es könnte Tausende von Jahren dauern. Riesige Felder. Aber an den schlammigen Ufern keine Andenkenbuden mehr. Keine Regale mit Silberschmuck und Flugdrachenschnüren. Nie mehr. Nur Wasserkanister und Insektenschutzmittel. Zum Einreiben oder zum Sprühen. Zum Implantieren. Highways nach Flessenow rüber. Sechsspurig. Neunspurig. Mein Taxi ist gelb. Der Starttarif beläuft sich auf vierzehn Euro. Ich bin anständig genug, um zu wissen, wo die Grenzen sind. Es regnet, Schwesterchen, schick jetzt keine SMS. Wenn ich Mitglied der Regierung wäre, würde ich mich darum bemühen, den europäischen Aufsichtsmechanismus zu verbessern. Man muss ja sehen, wo man bleibt. Ich weiß, dass ich mich weigern werde, dich diese Zeilen lesen zu lassen, Mami. Wenn dich mein Schwesterchen anruft, sag ihr, dass ich sie nicht mehr beschützen kann. Wenn du das vergisst, ist es auch nicht so tragisch. Beschützen hin oder her. Aber in umgekehrter Reihenfolge. Mein Schwesterchen schrieb mir, dass in Tsetsefliegen relativ wenig Zebra- oder Pinguinblut zu finden ist. Sie bevorzugen eintönige Oberflächen. Für Vater ist sie immer das Reh gewesen. Mein Taxi ist gelb. Keine Ahnung, wie lange ich diesen Showdown hier noch überlebe. Geographisch sollte bald alles möglich sein. Kaltenkirchen, Höverlake, Flessenow. In Schwerin werden die Zebrastreifen auf dem Oboring nie von streunenden Raubtieren oder von den Fliegen auf überfahrenen Kadavern angegriffen.

MEINE GUTE ORIENTIERUNG BEI SCHLECHTER WITTERUNG hat in Schwerin deutlich nachgelassen. Mein Taxi ist gelb. Der Starttarif beläuft sich auf siebzehn Euro. Man muss ja sehen, wo man bleibt. Ich fahre für einen privaten Anbieter. Er hat seine vier Fahrzeuge umspritzen lassen. Ich kann mich an einen Wandertag in der dritten Klasse erinnern. Wir besuchten ein paar Kleintiertunnel in der näheren Umgebung von Höverlake. Die Mutigsten von uns krochen etwa zwei Meter in diese Röhren und sahen Kröten, Spinnen und Schlangen bei ihrer Wanderung unter der Autobahn zu. Unsere Lehrerin erzählte uns von einer Wildbrücke an der A7, die mindestens achtzig Meter breit und an den Seitenrändern mit Hecken und Büschen bepflanzt sei. Sie lachte bei dem Wort Seitenaufprallschutz. Bis heute ist es nicht erwiesen, wie sich ein Reh verhält, das durch die Hecken und Büsche stark anschwellende und abflauende Geräusche wahrnimmt, die von schnelleren, stabileren, unheilbringenden Tieren stammen könnten, die sogar dazu in der Lage wären, am Schmelzpunkt ihrer Geschwindigkeit dumpf und mit einem kollektiven Geweih durch den Boden der Brücke zu stoßen. Die Gitterroste quer zur Laufrichtung wiesen bei klarem Verstand auf eine solche Möglichkeit hin. Auf dieser Überquerungsebene wurden die Tierwanderungen mit Infrarotschranken gemessen. Erfasst wurden nur Tiere ab der Größe eines Menschen. Kriechende Jungvögel, Schnecken und Frösche hatten am Anfang des Geländes auf Geheiß seltener Hirscharten ihren Rückweg anzutreten. Die Sensationslust, einen schwindelerregenden Strom aus widerspenstigen Fortbewegungsmetallen mit zum Teil aufgepflanzten, riesigen Insektenkonstruktionen zu überqueren, blieb den Erwachsenen an der Reling aus Büschen und Hecken vorbehalten. Aber in umgekehrter Reihenfolge.

HÄTTE ICH DOCH NUR VON DER ZWEITEN QUELLE GEKOSTET, dann würde ich jetzt an den Wochenenden, an den Samstagen, an den Sonntagen, an allen Wochenenden von morgens bis abends nicht mehr an mein Schwesterchen denken. Wenn das unsere Mutter wüsste. Nun leg schon deinen Kopf auf meinen Rücken, Schwesterchen. Die Wildnis der Demenztrakte reicht für uns beide. Lass mich raus. Lass mich rein. In diesen Sälen können wir immerhin etwas zu uns nehmen und gemeinsam stundenlang Dinge erleben. Ich will dein Brüderchen und nicht dein König sein. Das goldene Strumpfband ist der blanke Hohn. Bei einem Tiger oder einem Wolf mit einem blinkenden Binsenbändchen um den Hals zucken nicht mal die Zebrastreifen auf dem Obotritenring.

ICH MUSSTE ÜBER SO VIELES NACHDENKEN, WEIL ICH DEN ganzen Tag keinen Handyempfang hatte. Mein Taxi ist gelb. Der Starttarif beläuft sich auf einundzwanzig Euro. Man muss ja sehen, wo man bleibt. Zu Lebzeiten ist es meiner Mutter einmal passiert, dass sie vom Hamburger Flughafen über Duvenstedt und Bargteheide an die Binnenalster gefahren wurde. Solche Taxifahrer sollte man auf der Stelle rein kolumbianisch aus dem Verkehr ziehen. Allerdings hatte sie mir verschwiegen, dass der Fahrer sie so schön fand und mit ihr den längsten Nachmittag ihres Lebens bei seinen Eltern in Kaltenkirchen verbrachte. Aber in umgekehrter Reihenfolge. Über Kisdorf-Feld und die A7 nur fünfundvierzig Minuten. Mein Vater war außer sich, als er zu Hause am Telefon hörte, wie sehr sie bei dieser Fahrt betrogen worden war. Mein Taxi ist gelb. Der Starttarif liegt bei fünfundzwanzig Euro. Ich glaube, ich mache das jetzt jedes Wochenende.

Ich bitte dich, freitags vor der Bettruhe so zu tun, als hätten wir Windeln um und könnten uns an früher erinnern. Meine Mutter genoss das Leben in all seiner Wildnis und Vergeblichkeit. Als mein Vater fünf Jahre später in mein Bett sah, lag mein Schwesterchen drin und war noch kein Reh. Ich hatte nie etwas übrig für seine tolerante Gnade. Aber ich reiße ihm so spät kein Haar mehr raus. Ich weiß nicht, ob ich Blutverdünner nehme. Ich teile euch dann natürlich sofort meine neue Adresse mit. Ich würde gerne schmerzfrei sein und nie mehr jubeln.

ZEHNTER FEBRUAR. MIT DEM TAXI NACH WILIGRAD GEfahren. Nach dem Tod unserer Eltern hat mir mein Schwesterchen eine Kiste mit den letzten Dingen meines Vaters geschickt. Fünf Gürtel, drei Bettbezüge, zwei Handtücher, ein Radio, das erst mit viel Geduld beim Drehen des Einschaltknopfes in eine unheisere Tonspur findet. Das Radio hatte ich nie bei ihm gesehen. Verschollen geglaubte Briefe, in denen er meiner Mutter mitteilt, dass er nicht an meine Existenz glaubt, wären mir lieber gewesen.

DAS ZERREISSEN ALTER BRIEFE AUS DEM ZWANZIGSTEN Jahrhundert. Neunzehnhundertfünfundsiebzig stand nur noch die Waschmaschine zwischen meinen Eltern. Ich war zehn Jahre alt und konnte nicht begreifen, dass sie sich schlagen wollten. Wir gingen zu dritt ins Wohnzimmer, nahmen auf der Couch Platz, und mein Vater eröffnete mir, dass er nicht wisse, ob ich sein Fleisch sei, sein Blut. Hoffentlich weder das eine noch das andere. Aber ich reiße ihm so spät kein Haar mehr raus. Für solche Forschungswege gibt es Nagelscheren. Zählen auch Wimpern zu den Haaren.

DAS ZERREISSEN ALTER BRIEFE AUS DEM ZWANZIGSTEN Jahrhundert. Mein liebstes Reh, nach deiner Geburt habe ich deine Mutter ein zweites Mal geheiratet. Wir sind jetzt endlich eine richtige Familie. Wenn dein Bruder mag, darf er sich, solange wir mit dir im Badezimmer spielen, in dein Bettchen legen. Den Ellenbogen einmal, zweimal, dreimal in das Wasser eingetaucht. Erwachsene am Ufer. An einem Ufer. Das Glück der Menschen. Keine Höllenfeuer. Fünf Jahre früher kehrte Mutter wohlbehalten aus Bad Kleinen zurück. Sie wollte sonst wohin und dort die Schienen ausprobieren. Sie hatte ja noch Großmutter und mich. Mein liebstes Reh, wenn ich sehe, wie du heranwächst, vergesse ich alles um mich herum. Deine Mutter. Deinen Bruder. Das Interesse der Vorstadtbahnhöfe an ewiger Wiederkehr. Deine Mutter hat sich für deinen Bruder entschieden und ich mich für dich. Bedeutet dir das denn gar nichts. Mein liebstes Reh, als ich so auf dem Sterbebett dahindämmerte, unter Morphium und anderen Medikamenten, sah ich den kleinen Jungen in deinem Gitterbett, wie er auch ganz am Ende niemals Sohn oder Erfinder sein konnte. Er packte schon die ersten Bücher, Bilder, Haarwaschmittel ein. Er konnte nicht mal ahnen, dass ich durch meine fast geschlossenen Lider einen Erwachsenen am Ufer sah. Jetzt kommt er, kommt er, hält die Hand an meinen Kopf, er wird mich streicheln, anerkennen, lieben. Das Streicheln war so dünn am Rand, als hätte er es gleich wieder zurückgenommen. Mein liebstes Reh, was macht mein Kind, die Frau, das Glück, mein Töchterchen. Wir sind jetzt endlich eine richtige Familie.

ICH DENKE, MAN SIEHT ES MIR AN, DASS ICH VON ALLEN drei Quellen gekostet habe. Ich wurde in den Wald geführt, wo mich die wilden Tiere zerreißen sollten. Die Bestien hielten Abstand. Ich ließ die Bestien auch von allen Quellen kosten. Bei einem Tiger oder einem Wolf mit einem blinkenden Binsenbändchen um den Hals zucken nicht mal die Zebrastreifen auf der Schlossgartenallee.

Wir sind jetzt endlich eine richtige Familie, geliebtes Schwesterchen, mit Durst und Haus und Zugehörigkeit. Ich erwarte nicht, dass du mir einen Gin holst, es sei denn, du holst dir selber einen. Die Wildnis der Demenztrakte reicht für uns beide. Lass mich raus. Lass mich rein. In diesen Sälen können wir immerhin etwas zu uns nehmen und gemeinsam stundenlang Dinge erleben. Ich will dein Brüderchen und nicht dein König sein. Mein Taxi ist gelb. Der Starttarif beträgt siebenundzwanzig Euro. Man muss ja sehen, wo man bleibt. Nur Gleichsetzungsansprüche gestatten es uns, wenigstens einen Augenblick lang, die eigene, armselige Liga zu verlassen. Neunter oder zehnter Februar, neunter. Ich bin heute nach Wiligrad gefahren. Habe mir ein Zimmer im Gästehaus genommen. Es sind nur ein paar Schritte bis zum Schweriner See. Bett mit Moskitonetz. Jackenhänger. Wenn ich im Bad stehe, kann ich mein Auto sehen. Ich glaube, ich mache das jetzt jedes Wochenende.

DAS ZERREISSEN ALTER BRIEFE AUS DEM ZWANZIGSTEN Jahrhundert. Auf diesem Bild hier bin ich fünf Jahre alt. Der Schatten über meinem Gesicht gibt sich die unbändigste Mühe, frei zu sein von Zauber. Zwanzig Jahre später sind meine Mama und ich zusammen auf dem Leipziger Weihnachtsmarkt. An einem Stand mit Schnitzprodukten aus dem Erzgebirge nimmt sie einen gewundenen, etwa fünf bis sieben Zentimeter langen Schlüsselanhänger, einen Handschmeichler, zwischen Finger und Daumen. Sie bewegt sich damit auf mich zu, aber natürlich nur, um mir diesen Schatz zu zeigen, etliche Meter vom Stand entfernt. Wir fliehen durch die Menge. Scharfschützen auf allen Dächern der Umgebung. Phantombilder an Litfaßsäulen. Sachdienliche Hinweise der Bevölkerung. Zeugenaussagen von Touristen. Auswertbares Überwachungsmaterial vom Weihnachtsmarktbetreiber. Mit meiner Hilfe ist meine Mama über viele Jahre die meistgesuchte Frau Deutschlands, amerikanische Außenministerin, eine hochdekorierte Mathematikerin und die ständige Geliebte von Richard Gere. Mit meiner Hilfe kostet eine Briefmarke in ihren Augen über eine Million.

Wenn ich sie nicht einmal beim Telefonieren zum Lachen bringe, verliere ich meine Zulassung als Geschwistertier. Mein über alles geliebter Sohn, es gibt ein Geheimnis, das ich mit ins Grab nehmen muss. Meine über alles geliebte Mutter, deiner unbändigen Liebe mir gegenüber habe ich es zu verdanken, dass aus mir ein Mensch geworden ist, der längst mit all deinen Geheimnissen vertraut ist und sie bis zuletzt für sich behält. Wenn du zu Besuch warst und wir uns betranken, wählte ich für dich die Nummern deiner verheirateten Liebhaber. Warum wolltest du, dass ich die Stimmen der Frauen hörte und nicht du. Deine Sehnsucht nach ruhigen Männern mit blauen Augen und einer hohen Intelligenz überraschte mich nie. So etwas war zwischen Zandschow und Höverlake, auf Verkehrsinseln, in Wäldern und auf Parkplätzen nie für dich zu finden.

Scheiß auf all die Quellen. Du hast aus mir mit deiner ungezügelten Liebe ein außerordentliches Reh gemacht. Aber zwei dieser Rehe verträgt eine Familie nicht. Ich hatte das Gefühl, mit dir allein aufzuwachsen. Kein Vater, der meine Zeugnisse oder Inlandseinsätze an der Küste kontrollierte. Ich konnte in größter Liebe Idiot sein und meine Zimmerwelt dekonstruieren. Bis ich sechzehn war, habe ich mit Indianern gespielt, in den Gebirgen umgekippter Sessel, in den getrockneten Flussläufen von Blechautobahnen und Teppichrandverwerfungen. Mit siebzehn war ich das erste Reh in Norddeutschland, das Gedichte schreiben wollte. Du, meine liebste Mutter, warst immer die Erste, die sie am Telefon zu hören bekam. Nur ein einziges Mal wurdest du still und batest mich darum, eine Stelle zu korrigieren.

VIELLEICHT, VATER, ABER BESTIMMT NUR, WENN ICH VOR dir sterbe, würdest du begreifen, dass du mit deiner sturen Überlegenheit mir gegenüber unrecht gehabt hast. Vergiss deine Gärten und Wälder. Vergiss meinen schmerzhaften gedanklichen Reichtum. Vergiss einfach alles von mir. Mein Taxi ist gelb. Der Starttarif beträgt zehn Millionen Euro. Fast immer fahre ich allein. Aber das muss ja nicht so bleiben.

XIV

Zandschow, BW

WENN DAS BEGLEITEN EINES HALSBANDES DURCH DIE Dörfer nicht so schön wäre, könnte es auch langsam dunkel werden. Der Scheibenwischerhebel rechts am Lenkrad ist vorerst nicht zu bedienen. Reine Vorsichtsmaßnahme. Claasen sagt in der sich allmählich ausbreitenden Dämmerung das Alphabet auf. Wenn beim Aussprechen der Buchstaben H, M, P und Y jeweils links oder rechts ein Baum am Straßenrand steht, kommt er in dieser Nacht noch unzählige Kilometer weiter. Abweichungen von zwei bis fünf Fuß sind erlaubt. Wir wollen nicht kleinlich sein. Fast die gleiche Anzahl Bäume zu beiden Seiten der Fahrerkabine. Landstraße, Autobahn, aber in umgekehrter Reihenfolge.

EIN WILDWECHSEL WÜRDE IHM JETZT GERADE NOCH fehlen. Claasen überlegt, wie die Kilometerzahl unter den Gefahrenschildern zustande kommt. Vier Komma fünf Kilometer. Bei vier Komma sechs Kilometern atmet er spürbar auf. Oder sollte er sich lieber doch erst nach weiteren einhundert Metern in Sicherheit wiegen. Es gibt keine Statistiken, die belegen, wie genau es die Tiere mit der ihnen zur Verfügung gestellten Strecke nehmen, innerhalb derer sie den Wechsel der Straßenseite vorzunehmen haben. Ortseingangsschilder und Leitpfosten ziehen an ihnen vorüber, aber in umgekehrter Reihenfolge.

CLAASEN HAT SICH VORGENOMMEN, SEIN AUTO SO VORsichtig, langsam und gleichmäßig zu bewegen, dass das Halsband so lange wie möglich auf dem Armaturenbrett liegen bleibt. An der Stelle, an der es herunterfällt, den Anschein macht, herunterzufallen, will er anhalten und ein neues Leben beginnen. Ohne Musik. Ohne Selbstmitleid. Ohne Ewigkeit und Verantwortung. Erst mal die Wälder und Kornfelder hinter sich lassen, aber in umgekehrter Reihenfolge. Er wohnt mit Vorliebe in Gegenden, in denen im Notfall jede Hilfe für ihn zu spät käme.

DREIMAL IST ES IHM ERLAUBT, ANZUHALTEN UND DAS Halsband wieder in eine günstigere Position zu rücken, näher zur Frontscheibe hin. Für einen Augenblick überlegt er, ob sich die Warnblinkanlage und der Fahrtrichtungsanzeiger die gleichen Lichtquellen teilen und es dadurch zu parallelen Frequenzüberlappungen kommen könnte. Keine Häuser. Keine Viehzuchtanlagen. Er fährt und fährt. Das Bild des Mannes mit der Insulinspritze vor Augen. Claasen braucht einen Weltkrieg im Erdgeschoss, der Weißäuglein verschont, einen Krieg, gleich nach der Spritze.

EINMAL IST WEISSÄUGLEIN BEIM SPAZIERENGEHEN UMGEkippt. Eine Fingerspitze mit Traubenzucker unter die Zunge. Und sie war wieder die Alte. Eine Fingerspitze mit Traubenzucker. Das Hundehalsband vor dem Abgrund. Die Fußbodenmatte ist das Straßenpflaster, aber in umgekehrter Reihenfolge. Zandschow. Zandschow. Den Namen dieses Dorfes hat er schon einmal irgendwo gelesen, irgendwo gehört. Claasen erinnert sich. Es kann gar nicht so lange her sein, seit die amtierende Regierung den Beschluss gefasst hat, für einen Zeitraum von zwölf Monaten, auf der A7, zwischen den Abfahrten Zandschow und Höverlake, sämtliche Unfälle zu untersagen. Dabei handelt es sich um einen Streckenabschnitt von siebzehn Kilometern, von denen vier Komma fünf Kilometer allein den Schrittwechseln der Tiere vorbehalten sind. Falls sie es tagsüber oder nachts unbemerkt auf die bewaldeten Inseln zwischen Landstraße und der fast parallel verlaufenden Autobahn geschafft haben. Und es hoffentlich nicht versäumt wurde, auch hier dieses Gefahrenschild aufzustellen. Aber solch ein Hinweis würde wohl eher auf einer Chaussee fehlen, stünde dem Verkehrsamt für die Bewegungsinstinkte des Wildes nur noch ein Schild zur Verfügung. Bei Zuwiderhandlungen, bei zu registrierenden Unfällen, fallen neben der Schadensabwicklung außerdem noch hohe Geldstrafen an. Die Menschen in dieser Region haben die Wahl, auf Unfälle zu verzichten.

SELBSTBEWUSSTE REHE UND FASANE, SICH LANGWEILENDE Ärzte, Nachtschwestern, Versicherungsangestellte, Autoschlosser, Krankenwagenfahrer und Mitarbeiter des örtlichen Abschleppdienstes. Sie alle könnten für ein Sabbatjahr nach Cartagena gehen. Dort gibt es keine derart unsinnigen Regierungsbeschlüsse. Mir ist aber nur der Fall eines Rehs bekannt, das diese Möglichkeit nutzen möchte. Mit der Familie ist noch zu sprechen. Eine Auslandskrankenversicherung sollte möglichst zeitnah abgeschlossen werden. Sollte dem Reh in der Küstenstadt etwas zustoßen, gehören zu den Serviceleistungen der DKV die Vermittlung eines medizinischen Dolmetschers und die Organisation einer Besuchsreise durch Angehörige. Nachtschwester Ines ist noch unentschlossen. Die ständigen Gerüchte über die Departamentos del Chocó und de Norte de Santander in den abgelegeneren Teilen Kolumbiens. Landminen und Scopolamin. Zandschow ist ein Nest im äußersten Norden. Ein Feuerlöschteich im Zentrum. Wohncontainer. Getränke-Wolf. Apfelbäume. Wenn hier alle stranden, denen bei diesem Huckelpflaster ihr Hundehalsband vom Armaturenbrett rutscht, braucht man sich um diese Walachei keine Sorgen mehr zu machen. Claasen hat nachgeholfen. Ist rechts rangefahren. Zandschow.

MEIN AUSSTEIGEN DAUERT MONATE. DAS HALSBAND stellt sich quer. Sonntags. Kaum Betrieb. Wäre ich hier nur an einem Dienstag oder Donnerstag rechts rangefahren. Die großen Abstände zwischen den Trauerweiden am Teich verhindern die Gedanken an Nahrung, Genussmittel und Wohnraumbehörden. Aber in umgekehrter Reihenfolge. Mein Aussteigen ist auch immer wieder das Einsteigen. Ich sehe nach, ob ich meine Papiere und Dokumente im Handschuhfach vollständig beisammenhabe. Die ADAC-Karte brauche ich gerade am wenigsten. Ihre Helligkeit nervt. Im Halsband selbst gibt es für die verbrauchte Luft kaum Möglichkeiten zu wenden. Nach einigen Tagen und Wochen, ich fahre immer an der gleichen Stelle rechts ran, ist mir aufgefallen, dass ich mit den Einheimischen eher beim Einsteigen ins Gespräch komme als beim Aussteigen. Einige Kilometer vorher lasse ich das Fenster auf meiner Seite herunter. Die Gegend wirkt arm, aber nicht gefährlich. Ich steige aus und wieder ein. Am Teich. Zwischen den Bäumen. Aus und wieder ein. Aber in umgekehrter Reihenfolge. Ich bin nachlässig gekleidet. Auf dem Beifahrersitz liegen weder Bücher noch großspurige Zeitungen. Ich lege das Halsband ans Ufer und versuche, aus einiger Entfernung, mit Steinen das Gleichgewicht im Innern herzustellen. Habe ich den fünften Stein im Kreis platziert, darf ich hierbleiben. Um die hilflose Art, hierbleiben zu wollen und von den Dorfbewohnern aufgenommen zu werden, noch etwas mehr zu betonen, bemühe ich mich im Sitzen darum, die Steinchen ins Zentrum zu befördern. Habe ich den siebzehnten Stein im Kreis platziert, muss ich zwölf Steine wieder rausnehmen. Ich hoffe, dieses Besiedelungsmodell findet hier keine Anwendung. Keine Sorge. Ich steige ja schon wieder ein.

ICH KANN NICHT VERHEHLEN, DASS MIR DIE BEIDEN Sklaven bei Getränke-Wolf Angst machen. Aber mein Hundehalsband hat für mich entschieden. Ich werde in Zandschow bleiben. Wolf hat diesen Laden nach dem Tod seiner Eltern geerbt. Im hinteren Lager steht eine Sonnenbank aus der Prestige-Serie von Ergoline. Wie hier UV-Licht und rotes Beauty Light per Knopfdruck zur Wunschbräune führen, bringt einen schier um den Verstand. Hautpflege inklusive. Über dreihundert ausgesuchte Farben und Lichtanimationen im Innenraum. Sansibar, Apfelblüten. Afrikanische Biere in den Regalen. Wolf vertickt die Getränke zu Schleuderpreisen. Seine Großeltern hatten ihren Kindern viel Geld hinterlassen. Um aus Zandschow rauszukommen, blieben sie in Zandschow. Wolf bringt neben den Getränken auch noch Waren des täglichen Bedarfs an den Mann. Wer sich bei ihm mit Bier versorgt, darf für eine halbe Stunde nach Sansibar. Seine Verbindungen in die Stadt sind bekannt. Er ist mit vielen Künstlern und Betriebswirten aus der Umgebung befreundet. Die selbst entworfenen Etiketten auf den Flaschen treiben den Alkoholgehalt in die Höhe. Palmen im Horizontboden. Und anstelle eines Sonnenuntergangs ein paar Flamingos in den vielen unverkennbaren Salzseen dieses Kontinents.

DEN FEUERLÖSCHTEICH KÖNNTE MAN AUCH GETROST FÜR keinen Feuerlöschteich halten. In der Mitte eine Insel. Bäume und Bänke am Ufer. Michamvi Beach. Zwölf Tische auf der Restaurant-Terrasse. Jede volle Stunde setzt ein Boot zum Eiland über. In den Stoßzeiten bleiben wir lieber am Strand. Wir haben uns angewöhnt, sowohl die Frauen als auch die Männer, an den Tagen, an denen wir dazu neigen, den Indischen Ozean mit unseren Füßen zu betreten, den Indischen Ozean in Zandschow mit unseren Füßen zu betreten.

DIE CHEMIE STIMMT IM NORDEN, ABER HÄTTE DIE VYnova Group ihre beiden Produktionsstätten für die Chlorherstellung wie geplant in Zandschow und Höverlake errichtet, hätten die Einheimischen und die Zugewanderten ihren Lebensmittelpunkt an der Küste verloren. Sansibar, die Wunschbräune ehemaliger Fabrikarbeiter und Hundebesitzer. Um die sichere Rohstoffversorgung über Seehäfen und Pipelines zu gewährleisten, war die ChemCoast im letzten Moment auf die Standorte Voslapp und Rüstersiel ausgewichen, direkt an der südlichen Nordsee gelegen, mit Zugang zu tieferem Fahrwasser. Als das bekannt wurde, gab es am Strand kein Halten mehr. Weil die Dorfbewohner mit dieser Mitteilung zufrieden waren, drückten sie die Eins.

JEDES JAHR UM DIESE ZEIT ORGANISIERT WOLF AM TEICH das Darajani Fest. Er spannt Hängematten zwischen den Bäumen auf, lässt Kanus aus dem Landesinneren an die Strände ziehen, verteilt Obst und Gewürze an das Partyvolk, schenkt Windhoek Lagerbier auf eigene Kosten aus und organisiert die Überfahrten zur Insel. In den Stoßzeiten bleiben wir lieber auf dem Eiland und besetzen alle zwölf Tische. Rudert ihr doch zum Nakupenda Beach rüber, wenn es euch hier zu voll ist. Die Arbeitersiedlung von ChemCoast ist nahezu unbewohnt. Erst die Industrie, dann die Unterbringung für die Werktätigen, aber in umgekehrter Reihenfolge. Ich bin nur selten zum Schlafen dort. Meine Tür verriegele ich dann von innen mit einem Balken. Spartanische Einrichtung. Matratze. Tisch. Stuhl. Wandschränkchen. Stehlampe. Hometrainer. Das Halsband am Fensterknauf. Die Nächte verbringe ich mit den Einwohnern an der Küste.

IN DER DORFSTRASSE SIEBENUNDZWANZIG, AN EINEM Stehimbiss auf einem Vierseitenhof sind für das Abendessen auch sämtliche alkoholischen Getränke für zwei Stunden inbegriffen. Die ständigen Gerüchte über die Gebiete im Süden und vor allem im Osten von Zandschow, die meilenweit vom Zentrum entfernt sind, konnten uns letztlich nicht davon abhalten, hier ein neues Leben zu beginnen. Innerhalb der Felder Zandschows patrouillieren täglich zwanzig von uns durch die Straßen. Chakib und Faisal. Der kleine und der große Grabosch. Ricky und Benter. Um nur einige zu nennen. Jeder von uns war im Besitz eines sauberen Kronkorkens ohne Seriennummer. Nurbanu und Hadidza. Jeder von uns war schon mal im Shoot-Club in Rüstersiel, um sich mit Abwehrmitteln einzudecken. *Auch mit einer Armbrust kann man dem politischen Gegner auf dem Lande Bewegungsangebote unterbreiten.* Mädel und Jerry. Die weniger frequentierten Gegenden wie Höverlake Ost und Rüstersiel lässt du in den Nächten besser links liegen. Bolo und Li. In den Bars der Umgebung lasse ich mein Glas nie aus den Augen, stülpe eine Schale in Terrakottaoptik darüber, aus Angst vor fremdem Speichel und Scopolamin. Eine meterdicke, weiße, bewohnbare Säule mit Kopfbrüstung im Hochland von Zandschow. So stelle ich mir mein Haus auf dem Lande vor. Mimi und Teschi. Pampel und Digger. Einen milchigen Eiswürfel als Fahrstuhl. Gruber und Hillert. Dauerverwöhnte Frische im Lift. Unantastbare Kabinenmaße. Körperchen und Dettel. Wir halten es für sinnvoll, unsere Umgebung vor Fremden und Touristen zu schützen. Wir notieren Autokennzeichen, geben sie per Funk an unsere Mitstreiter weiter. Wir legen Wert darauf, unsere Küste, die Palmen, die Hängematten und die Flamingos nicht höher zu bewerten, als sie sind. Welche Flamingos. Die Bürgerwehr wird an den Sonntagen von Wolf trainiert.

Er bringt uns den Umgang mit schwierigen Besuchern bei, diese drei entscheidenden Handgriffe. Unser Lebensmodell ist natürlich nicht lange geheim zu halten. Fotos von falschen Schwänen an der Küste unter Palmen in der Hauptstadtpresse. Die gloriosen Verheißungen vom Leben auf dem Lande. Freude und Genussfähigkeit, die sich auf Armut und Phantasie gründen, werden als gesellschaftliche Gefahr eingestuft, die ja immerhin darauf hinauslaufen könnte, das Establishment in all seiner politischen, wirtschaftlichen und kulturellen Überheblichkeit gegenüber der einfachen Landbevölkerung außer Kraft zu setzen. Es ist strengstens untersagt, den jeweils eigenen Schwan mit Stiften oder Klebematerial zu kennzeichnen. Zandschow ist Sansibar. Und Sansibar ist weder ein paradiesischer militärischer Stützpunkt noch sonst wo. Die wenigsten von uns gehen einer geregelten Tätigkeit nach. Die meisten beziehen Stütze. Wir kriegen die Zeit trotzdem rum. In U-Bahn-Waggons und am Strand. In Turnhallen und auf Sonnenbänken. Wir sind nicht nur benachteiligt. Wir können nichts für unsere Begabung, ein freies Leben zu führen. Wir bleiben jetzt hier. Wir halten nicht mehr an. Wir sind uns einig. Wir übertreiben es mit der Geschwindigkeit nicht. Wir sind ausgeschlafen. Wir sind nicht ganz bei Trost. Wir haben unser ganzes Hab und Gut im Kofferraum. Wir kriegen Probleme vom Sitzen. Wir haben Sehnsucht nach Zugehörigkeit. Wir tragen Kabelbinder bei uns. Wir haben Angst vor wilden, unheilbaren Tieren im Wald. Wir halten unsere Bewegungsprofile für unvorhersehbar. Wir wollen keine Gewebeprobe. Wir sind zu alt für diesen Scheiß. Wir stürzen Industrie, Politikapparat und sämtliche Verwaltungsorgane mit einer flächendeckenden, überdimensionalen Krankschreibung. Wir bleiben jetzt hier. Wir hören nicht mehr damit auf. Wir sind uns einig. Wir sagen dem täglichen Kosmos adieu. Wir verbrennen Schichtbusse und Stechuhren. Wir haben ein Anrecht auf Schnaps und Schmerzmittel, wenn es so weit ist. Wir sind nicht dazu auserwählt, uns aufhalten zu lassen. Wir benötigen keine Monitore für unsere Auferstehung. Wir kommen mit einer Grundsicherung aus. Wir entziehen uns den Mächtigen mit der geringsten Lebensfreude. Wir erfinden eine Dynastie der Fehlbarkeit. Wir lassen mit einem Gedicht die Mittagspause der Regierung ausfallen. Wir haben Grund zu der Annahme, dass unser Dasein nicht ernst genommen wird. Wir stehen ausschließlich in Kontakt mit denen, die uns nicht mehr nützlich sind. Wir haben die Liebe unserer Mütter als allumfassendes Bildungssignal verstanden. Wir halten den Blutdruck für eine gesellschaftliche Nebensächlichkeit. Wir fassen eine individuelle Einschränkung zusammen. Wir bleiben jetzt hier. Wir halten nicht mehr an. Wir sind uns einig. Wir bevorzugen unvernünftige Ärzte in den Endbaracken. Wir geben Rassismus gegen Nationalisten zu. Wir fotografieren Übertretungsverbote in Bushaltestellen. Wir haben keine Ahnung von deliktsunfähigen Minderheiten. Wir gehen nie nach Afrika. Wir blenden Syrien aus. Wir sind schlechte Schwimmer. Wir haben keinen Bootsführerschein. Wir sind zu alt für diesen Scheiß. Wir lesen Okopenko. Wir drehen durch beim Anblick eines unterforderten Heißluftballons. Wir zählen die Mitfreude zu den ernsteren Krankheiten. Wir benennen die Apotheken in der näheren Umgebung nach Schiffsuntergängen. Wir bewachen das Zentralarchiv unseres Hoftores. Wir bleiben jetzt hier. Wir halten nicht mehr an. Wir sind uns einig. Wir haben Angst davor, den Sportplatz auf dem Land abzulichten. Wir sind zu überflüssig mit unseren Liebesbeweisen. Wir schalten unsere Intelligenz drei Gänge runter. Wir bereiten uns auf die Seniorenprüfung im Springtauchen vor. Wir vernachlässigen die tierische Untermalung unserer Körperbeschaffenheit. Wir sind dick und unglücklich, wenn wir nicht ficken. Wir denken zu oft über unsere mitleidige Unversehrtheit nach. Wir sind nicht dafür geschaffen, zu den oberen Zehntausend zu gehören. Wir wollen unseren Aufenthalt in einer gebogenen Münze selbst finanzieren. Wir sollten uns in der Sorgfalt dieser Einöde nicht vom Gegenteil überzeugen lassen. Wir haben Probleme vom Sitzen. Wir unterdrücken die Taubheit im Bein mit Sport1-Clips. Wir haben sogar Hafermilch im Haus. Wir denken uns Rezepte aus, um nicht mehr vor die Tür zu müssen. Wir sind zufrieden mit unserer eifersüchtigen Hässlichkeit. Wir sind Befürworter der deutschen Jogginghose. Wir wiederholen uns ständig. Wir sind zu alt für diesen Scheiß. Wir erwarten heute Mittag eine Sendung mit einem Abtastsystem. Wir überprüfen die Salonfähigkeit der Klingelanlage. Wir kommentieren auf Bildschirmen die Sicherheitsabstände im Berufsverkehr. Wir bleiben jetzt hier. Wir halten nicht mehr an. Wir sind uns einig. Wir verbrennen Schichtbusse und LKWs. Wir verbrennen die Sicherheitsabstände selbst. Wir sind noch im Probejahr. Wir haben die heitere Zudringlichkeit dieser Region vorausgesehen. Wir nehmen den Feierabendverkehr als ein Zeichen der Friedlosigkeit. Wir müssen heute noch schön werden. Wir denken an die erste Zeit ohne Stützräder zurück. Wir verbrennen Stützräder und Stechuhren. Wir benehmen uns wie Indianer beim Einlassen des Badewassers. Wir belächeln die Zivilisationskrankheiten. Wir telefonieren nicht mehr mit Toten. Wir beachten die Zollbestimmungen für Armbrüste und Panzerglas. Wir bewaffnen uns mit unserem Erbe. Wir lassen die Pflichtanteile trocken und hart werden. Wir finden in einer aufgebogenen Münze Platz. Wir bleiben jetzt hier. Wir hören nie mehr damit auf. Wir halten nicht mehr an. Wir sind uns einig. Wir übertreiben es mit der Geschwindigkeit nicht. Wir sind ausgeschlafen. Wir sind nicht ganz bei Trost. Wir haben die Vorwahl der Gewächshäuser im Kopf. Wir haben unser ganzes Hab und Gut im Kofferraum. Wir telefonieren nie wieder mit Toten. Auch wenn die Nummern noch stimmen. Nie wieder. Wir sind nicht dafür geschaffen, zu den oberen Einhundert zu gehören.

Die Toten nehmen ihren Anschluss mit, es gilt nur eine Schonzeit einzuhalten, natürlich bleibt es sicher bei den alten Verabredungen, wöchentlich, im Schnitt so zwei, drei Anrufe, vielleicht auch mehr, wenn oben alles ruhig ist und blinkt, mir fehlt der kalte Ramadan-Instinkt, zu warten, bis der Spiegel sinkt und leer: die halbe Welt sich in Verliese spaltet, in denen wir nach Nettigkeiten gieren, ob sich die Toten oben gut vertragen, der Kundendienst der Sterne ist veraltet, ich lösche keine Nummern, die sich zieren, und wenn sie mir hier alle sonst was sagen.

UM DEN ANSCHLUSS AN DIE REALE WELT NICHT ZU VERlieren, gibt es einen streng strukturierten Wochenplan. Tagsüber arbeite ich als Leiter der Abteilung Kommunikationsdesign und Medienvisualisierung in einem Spoken-Word-Labor in Aurich. Zu meinen Aufgaben gehören insbesondere folgende Bereiche: Verantwortliche Kuratierung, Konzeptionierung, Durchführung und Nachbereitung unterschiedlichster Veranstaltungs- und Programmangebote für Menschen aller Altersgruppen und jeglicher Hautfarbe. Wir beobachten gesellschaftliche, kulturelle, mediale, digitale und technologische Entwicklungen und entwickeln darauf basierend ein zukunftsweisendes, konzeptionell durchdachtes Angebot. Dazu gehören so hochkarätige Veranstaltungsformate wie zum Beispiel die Reihe »Grand Slam Poetry unter Bäumen« oder die berühmten Spoken-Word-Performances im Auricher Energie-Erlebniszentrum. Die Steuerung der Zusammenarbeit mit unterschiedlichsten Partnern, Institutionen, Rundfunkanstalten, Fernsehsendern und Dienstleistern und der weitere Ausbau des umfassenden Kooperationsnetzwerks liegen allein in meinen Händen. Livesalsa mit kubanischen Trompeten. Kleinstes Hauptgericht. Stulle mit Butter und Schmalz. In den zwei Stunden, die uns hier in der Dorfstraße zum Trinken bleiben, zelebrieren wir unsere nahezu magische Aufenthaltsgelassenheit. Das EEZ wurde direkt neben den Fertigungshallen für die Rotorblätter errichtet. Stellenabbau. Nie mehr Wind in dieser Gegend. Aber Enercon macht nicht vollkommen dicht, die Arbeitsplätze im Innovationszentrum bleiben erhalten. Aurich gehörte mal zu den reichsten Kleinstädten Deutschlands. Für eine Viertelmillion Euro wurde der Ratssaal aufgeständert. Die leeren Produktionshallen der Industrialisierung. Die Resignation der täglichen Dauerausstellungen. Poetry Slam on the Rocks. Auf großen Displays wird gezeigt, wie Energie entsteht. Das Klettern in die erste Gondel, die von Enercon gebaut wurde, ist für Besucherströme zugelassen. Neue, höhere Maßanfertigungen von Ampeln mussten her, damit die Lichterkästen niemals Gefahr liefen, von Schwertransportern geköpft zu werden.

XV

Sansibar, Landgang

VERLASSEN VON BRIEFEN AUS DEM EINUNDZWANZIGSTEN Jahrhundert. Stone Town, siebzehnter Februar, die weiße Kapuzenschnur meiner Jacke hat keine oder zu kleine Absicherungsknoten links und rechts, ein Militärkonvoi ohne Glühmittel an den Forodhani Gardens, an einem Tag wie diesem, früh gegen sechs Uhr aus dem Haus, die Umhängetasche über der rechten Schulter, breites Trageband, zwei, drei Schwäne im Schichtbus, beim Ablegen des Gepäcks die Kapuzenschnur und das Trageband zugleich gegriffen, Mishikakis und Samosas, kalt, in einem Behälter, noch auf halber Höhe, zwischen Schulter und Taschenablage, schon in Hafennähe, gespürt, dass hinter meinem Hals eine Abdanklinie ihren ehemaligen, unklaren, nur mit sich selbst besiedelten, zusammengerafften Halbkreis durchlief, um mit ihrem jähen, nichtsnutzigen Vorhandensein in der Luft das Anlegen der Dhows vor den Showbühnen der Quais zu ersetzen.

HEUTE HATTE ICH DAS GEFÜHL, MIT MEINEN KAMERADEN das Beit-el-Ajaib in der Mizingani-Straße zu stürmen und besetzen zu müssen. Der kleine und der große Grabosch sicherten nach hinten ab. Chakib und Faisal kümmerten sich um die Türschlösser. Ricky und Benter waren für das Wachpersonal zuständig. Jeder von uns war im Besitz eines sauberen Kronkorkens ohne Seriennummer. Nurbanu und Hadidza. Jeder von uns war schon mal in einem Shoot-Club auf dem Festland, um sich mit Abwehrmitteln einzudecken. *Denn auch mit einer Armbrust konnte man dem politischen Gegner in den Fluren der Paläste Bewe-*

gungsangebote unterbreiten. Was hätten wir dafür gegeben, nie mehr in die Plattenbauten zurückzumüssen. Als die Regierungstruppen vom Hafen her mit Panzern anrückten, ließen wir die Armbrüste an weißen Schnüren von den Terrassen herunter, wurden beschossen, verwundet, getötet und bestiegen beschämt die Schichtbusse vor dem Eingang. Die wenigsten von uns gingen danach arbeiten. Die meisten bezogen Stütze. Wir kriegten die Zeit trotzdem rum, lebten in unseren Mehrzweckbauten und kommentierten auf den Bildschirmen die Sicherheitsabstände im Berufsverkehr.

ZERRISSEN VON BRIEFEN AUS DEM EINUNDZWANZIGSTEN Jahrhundert. Sansibar, vierundzwanzigster Februar, meine liebe Hitomi-San, nicht einmal meinen engsten Freunden habe ich erzählt, dass ich sämtliche DVDs von dir zu Hause habe, wenn du nicht so weit weg wärst, würde ich jeden Abend versuchen, mit einer Briefmarke auf einem Fisch Apfelsinen zu zerstoßen. Was wollte ich nur als Nächstes sagen. Ich sehe deine Filme ohne Untertitel, weil ich Angst habe, das Einblenden der Schrift könnte die Regierungstruppen anlocken. Das wollte ich als Nächstes sagen. Ich wurde beschossen, verwundet, getötet und wieder verwundet. Ich wollte dich mit siebzigtausend tansanischen Schilling ins Lukmaan einladen. Ich habe meine Armbrust im House of Wonders zurücklassen müssen. Ich weiß nicht, wie ich dich in der Altstadt vor den Einheimischen beschützen soll. Ich wollte dich an keinen Privatstrand verlieren. Ich wollte mit dir Stone Town verlassen. Ich wollte dich in den Mbweni-Ruinen Autogramme geben sehen. Nur für mich und die Ruinen. Aber in umgekehrter Reihenfolge. Das wollte ich bestimmt als Nächstes sagen. Ich wollte dich in meine Platte mitnehmen. Ich wollte dir anhand der Wasserleitung im vierten Stock, in dem das Wasser niemals ankam, die DDR erklären, Hitomi-San, nur die Heimat, auf diesem vermaledeiten, dörflichen Kontinent.

MEINE KAPUZENJACKE SPIELTE SICH AUF, ALS WÄRE SIE MITtagskind an den Showbühnen der Quais. Die Freiheit des Windes, die Dhows zu übergehen. Keine oder zu kleine Absicherungsknoten links und rechts. Ich hatte in den Nächten das abflauende Gefühl, meine Freundschaftsanfragen überdenken zu müssen. Auf allen Erdteilen hatten die Frauen in der kommenden Nacht das Bedürfnis, die roten Kugeln aus den Kopfzeilen ins Jenseits zu befördern. Anfrage löschen. Duschen. Vitamine anerkennen. Aufgeben. Ausnüchtern. Weiterleben.

DAS ZURÜCKLASSEN VON BRIEFEN AUS DEM ZWANZIGSTEN Jahrhundert. Leipzig, siebzehnter März, neunzehnhundertsechsundachtzig, meine liebe Frau, wir haben nur noch vierzig Mark für den Rest des Monats. Unser Schönefeld des Kirschlikörs. Unser Wohnheim des Cabernets. Unsere neun Quadratmeter des Biers. Unsere Prinzessin schreit jede Nacht. Während du sie stillst, lehne ich sitzend an dir, so ist es abgesprochen. Sie schreit. Ich laufe Nacht für Nacht mit dem Kinderwagen durch die Volksgartenstraße. Sie schläft im Wagen wie in einem zu kleinen Zimmer für drei Personen. Ich kann doch nicht um vier Uhr in der Frühe schon zu trinken anfangen. Sie schreit, wenn ich den Kinderwagen die Treppe zum Studentenheim hochtrage. Sie schläft, wenn ich den Kinderwagen nachts durch die Volksgartenstraße ziehe, nicht schiebe. Ich kann nicht mehr. Aber in umgekehrter Reihenfolge. Ich träume, dass sie schläft, wenn ich sie die Treppe hochtrage. Sie weint, wenn ich den Kinderwagen umdrehe, um zu simulieren, dass es zwischen der ersten Etage und der Straße gar nicht auf eine Treppe ankommt und wir nur spielen, hoch- und runterzugehen, hoch und wieder runter, runter und wieder runter, immer mal wieder runter, wenn sie nicht schreit und schläft, immer mal wieder hoch, wenn sie nicht schläft und schreit. Aber in umgekehrter Reihenfolge. Sie schreit nicht, wenn ich trinke. Sie schläft nicht, wenn ich schreie. Ich habe mir das alles so anders vorgestellt. Ich gebe ihr den Brei. Ich lese ein Buch. Ich reibe ihr den Po mit Penaten Creme ein. Ich spiele Gitarre. Ich lege sie schlafen. Ich lege mich stundenlang hin. Ich gebe ihr das letzte Glas des Tages. Ich fange an zu trinken und zu schlafen. Aber in umgekehrter Reihenfolge. Sie schreit nicht, wenn ich trinke. Sie schläft nicht, wenn ich schreie. Sie ist selbst nachts unsere Prinzessin im Zimmer und auf den Stufen. Ich werde den Kleiderschrank vor das Gitterbett schieben. Das wollte ich als Nächstes schreiben. Ich werde in eine Straßenbahn steigen. Das wollte ich als Nächstes schreiben. Ich werde irgendwo im Leipziger Osten aussteigen. Das wollte ich als Nächstes schreiben. Ich werde in irgendein Haus reingehen. Das wollte ich auf jeden Fall als Nächstes schreiben. Ich werde mir eine Tür aussuchen, an der kein Name auf dem Klingelschild steht. Das hätte ich ansonsten als Nächstes geschrieben. Ich werde mich ein paar Mal wuchtig gegen die Tür werfen. Das wollte ich als Nächstes schreiben. Die Tür würde nachgeben. Das hätte ich dir so gern als Nächstes geschrieben. Schimmlige Wände. Das hätte ich mir gern erspart, dir zu schreiben. Die Toilette ohne Klobecken eine halbe Treppe höher. Das wollte ich dir bei der nächsten Gelegenheit auf jeden Fall sagen. Kein warmes Wasser. Das wollte ich dir als Nächstes schreiben. Ein Küchenofen. Das wollte ich dir in großer Freude mitteilen. Zweieinhalb Zimmer. Das wollte ich dir sofort schreiben. Wir werden unseren Engel einmal in der Woche in einer Plastikwanne in der Küche baden. Das wollte ich als Nächstes schreiben. Mit einem Gaststättentauchsieder würde ich das Wasser erhitzen. Das wollte ich als Nächstes schreiben. Ich werde meine Prinzessin beim Sprechen und Stammeln belauschen. Das wollte ich als Nächstes schreiben. Ich werde sie voller Stolz die Wörter Ekkolyte, Metterläd, Ginkung, Kokild, Mampi und Hannibecke sagen hören. Das hätte ich auf jeden Fall als Nächstes geschrieben. Ich gebe ihr immer das letzte Glas des Tages. Ich fange an zu trinken und zu schlafen. Aber in umgekehrter Reihenfolge. Sie schreit nicht, wenn wir trinken. Sie schläft nicht, wenn wir schreien. In der Albert-Schweitzer-Straße werden wir Vater, Mutter und Kind sein. Bis zur ersten Hochrechnung. Der schwarze Schimmel an der Küchenwand könnte Poesie sein. Essig und Aceton wollte ich als Nächstes schreiben. Aber ich sage nur Pappkarton. Schwarzer Schimmel. Leipziger Osten. In der Albert-Schweitzer-Straße werden wir an den Staatsratsvorsitzenden der DDR schreiben, um unsere Nasszelle nicht verlassen zu müssen. In Reudnitz werden Skinheads in den Abendstunden Fahrscheine für die Straßenbahnen und Busse erwerben. Das hätte ich auf jeden Fall als Nächstes geschrieben. Ich werde die langen Haare unter der Kapuze meiner Jacke verstecken. Ich werde die Tasche nicht unkontrolliert absetzen dürfen. Keine oder zu kleine Absicherungsknoten links und rechts. Es werden keine Schwäne im Bus sein. Das wollte ich dir in großer Angst mitteilen. Wir werden endlich Miete zahlen müssen, meine liebe Frau. Wir werden dem Vorsitzenden des Staatsrats danken müssen, dass unsere Strafe nur so gering ausfällt. Wir werden die einhundertfünfzig Mark im Leipziger Osten im Nu wieder drinhaben. Wir werden uns niemals trennen, Mampi, hörst du. Wenn du es nicht gesagt hättest, würde ich es als Nächstes schreiben.

HEUTE HATTE ICH DAS GEFÜHL, NUR NOCH MIT DEM rechten Ärmel meiner Jacke die Türen öffnen zu können.

Ein Virus von derselben Türklinke kann an siebzehn Hände weitergegeben werden. Bakterien fallen unter schlechteren Bedingungen in einen Dornröschenschlaf, aus dem sie unter besseren Bedingungen, zum Teil erst nach mehreren Jahren, wieder aufkeimen. Die Haltestange im Schichtbus kenne ich doch von irgendwoher. Zwei, drei Schwäne, die im Gang stehen und sich nirgends festhalten. Regenzeit in Stone Town. Ich schmiere die Türklinken meiner Platte in den nächsten Monaten mit Schuhcreme ein. Bis zum Hals im Schlamm steckende, sterbende, erstickende Viren und Bakterien. In Europa soll gerade die Hölle los sein. Nudelengpässe in Italien. Aufgeladene Akkus in Aurich. Fehlende Milch- und Getreideprodukte in der gesamten Ukraine. In Frýdek-Místek wurde ein Wettbewerb gestartet, bei dem Einwohner aus der näheren Umgebung Rezepte für Gerichte einreichen sollten, die sich auch ohne elektrische Kochmöglichkeiten zubereiten lassen. Der erste Preis, ein Hermosa-Beach-Bildband, ging an Denisa Krajickova Trlica.

VERLASSEN VON BRIEFEN AUS DEM EINUNDZWANZIGSTEN Jahrhundert. Stone Town, achtundzwanzigster Februar, der Gedanke an den Tod sollte eine tägliche Ausnahme bleiben. In den Mbweni-Ruinen habe ich einer Autogrammstunde beigewohnt. Ein tschechisches und ein japanisches Idol saßen am Außenpool des Protea Hotels, cremten sich gegenseitig die Schultern, Rippenbögen und Oberschenkel ein und warteten auf Kundschaft. Ihre Stühle standen hintereinander verkehrt herum an einem Tisch. Sie saßen sich gegenüber. Nur die beiden Rückenlehnen zwischen ihnen. Das eine Gesicht dem anderen zugewandt. Alle fünf Minuten wechselten sie ihre Sitzpositionen. Diejenige, die gerade hinten saß, wenn man sich als Autogrammliebhaber direkt vor dem Tisch mit ihren Fotos befand, war umso begehrenswerter, je näher der Tausch der Plätze heranrückte, da die Stühle in dieser Stellung nur die eine Sitzposition zuließen, bei der die Füße der Idole lediglich links und rechts neben den vorderen Stuhlbeinen aufgesetzt werden konnten. Ein Verrücken der Schemel beim Positionswechsel war auf diese Art nicht vonnöten. Hitomi stützte sich hinter Denisa auf ihren Armlehnen hoch, die nur zu einem Drittel den Stuhl an den vorderen Flanken begrenzten, hob ihr rechtes Bein seitlich nach links über die Sitzfläche hinweg, im Grenzland der voneinander weggebogenen Rückenlehnen, während Denisa ihr linkes Bein seitlich nach rechts über ihren Platz hob, um einen eleganten Halbkreis nach vorn, der die Luft über ihren Armlehnen beschrieb, auszuführen, ohne dass ihre Füße in der Mitte über den Stuhlflächen an den Zehen kollidierten. Das war mit einer leichten, dem Tänzeln einer Schlange ähnelnden, nach hinten gedehnten Bewegung des jeweils seitlich durch die Luft gleitenden Beines nahezu auszuschließen. Wenn man sich als Autogrammliebhaber direkt vor dem Tisch mit ihren Fotos befand, die innerhalb der nächsten zwei Stunden nicht ein einziges Mal unterschrieben wurden und deshalb unangetastet liegen blieben, auf einer Werbetafel innerhalb der Mbweni-Ruinen, wenn man es also nicht schaffte, sich unbemerkt aus dem VIP-Bereich dieser ausbleibenden Signierstunde zu entfernen, war man für die nächsten zwei Stunden für immer verloren. Stone Town hat zwei Regenzeiten. Eine tschechische und eine japanische. Die nächste beginnt im März. Die Fotos wölben sich. Die Monate am Pool sind ohne Schrift geblieben. Ich habe mir das alles ganz anders vorgestellt. Ich dachte, ich läse ein Buch. Ich dachte, ich spielte Gitarre. Ich dachte, ich finge an zu trinken und zu schlafen. Bakterien in Sansibar. Ein Teil der Menschheit wird den Kontakt mit Haltestangen überleben.

XVI

North Sentinel, Infektionen

VERGESSENE BRIEFE AUS DEM ZWANZIGSTEN JAHRHUNdert. Port Blair, siebzehnter September, neunzehnhundertvierundsiebzig, unsere Schiffscrew wird von Anthropologen und bewaffneten Polizisten begleitet. Wir haben Geschenke für die Ureinwohner mit an Bord. Kokosnüsse, Töpfe und Pfannen aus Aluminium, ein lebendes Schwein, ein Spielzeugauto und eine Kinderpuppe. Ein indisches Filmteam soll eine Dokumentation über das Leben der Menschen auf den Andamanen drehen. Raghubir Singh ist als Fotograf mit dabei. Beim Versuch, an den Strand zu gelangen, werden wir von den Einheimischen mit Pfeilen beschossen. Wir haben keine andere Wahl und müssen Kurs auf das burmesische Festland nehmen. Der Pfeil im Bein des Regisseurs zeigt uns, dass wir hier trotz unserer Gastgeschenke nicht willkommen sind. Den Gedanken einiger Ethnologen, dass es sich lohnen würde, noch von Deck aus am Leben dieser Menschen teilzunehmen, um ihre Bedürfnisse zu erforschen und sie nach und nach an eine Mehrheitsgesellschaft heranzuführen, verwerfen wir beim Anblick des getöteten Schweins und der mit Speeren auseinandergestocherten Kinderpuppe am Ufer. Das Auto passt in den Topf mit der Pfanne darüber oder darunter, darunter.

ICH HABE EINE WETTE VERLOREN. ICH SOLL NACH NORTH Sentinel. Meine Freunde wollen wissen, ob ich das überlebe. Wir haben auf den benachbarten Inseln zu viel getrunken. Ich versteige mich im Suff zu der Äußerung, sechzig Minuten auf North Sentinel überleben zu können. Mit einem Fischerboot werde ich in der Dunkelheit bis in die Sperrzone gebracht. Von dort aus geht es schwimmend weiter. Jetzt liege ich bewegungslos am Strand. Ich bin nur mit einem breiten Lederrock bekleidet. Ich huste nicht. Ich habe mir vorher den Schädel rasiert. Ich will einer von ihnen sein. Ich habe eine Uhr am Gelenk. Erste Minute. Ich muss die Bäume im Auge behalten. Zweite Minute. Ich kann nur hoffen, dass das Fischerboot in der Sperrzone nicht entdeckt wird. Zweite Minute. War das eben das vereinbarte Lichtsignal auf dem Meer. Zweite Minute. Ich habe meine Freunde beschworen, die Batterien der Taschenlampe zu prüfen. Zweite Minute. Die Bäume sind anders als bei uns. Dritte Minute. Wenn ich aufstehe und die Kniegelenke knacken, will ich nach Hause. Dritte Minute. Soll ich auf dem Bauch oder auf dem Rücken liegen. Dritte Minute. Ob ich im Sand sofort auffalle. Dritte Minute. Die Nacht soll nicht vergehen. Dritte Minute. Bleibt die Dunkelheit um diese Uhrzeit unangetastet. Dritte Minute. Ich trinke nie mehr. Dritte Minute. Die Batterien, die Batterien. Vierte Minute. Dritte Minute. Ob ein Speer nur durch das Auge in einen Schädel dringen kann. Vierte Minute. Unveränderte Bäume. Vierte Minute. Wenn ich nicht atme, verändere ich die Luftströme direkt über mir nicht. Vierte Minute. Ich will für immer in einem gestrandeten Frachter leben. Vierte Minute. Ich will die Luken im Auge behalten. Vierte Minute. Ich liege am Strand in der Nähe der Bäume. Vierte oder fünfte Minute. Vierte Minute. Die Bäume sind in der vierten Minute so ähnlich wie in der zweiten Minute. Dritte Minute. Ich trinke nie mehr. Vierte Minute. Ich werde die Uhr an meinem Handgelenk nach meiner Rückkehr auf das Boot stundenlang ins Meer halten. Vierte Minute. Die Bäume sind so dumm. Fünfte Minute. Alle Krieger auf der Insel brauchen ab jetzt mindestens fünfundfünfzig Minuten Schlaf. Fünfte Minute. Auf North Sentinel gibt es die Einschlafmusik des

Windes an leeren Dosen. Fünfte Minute. Jeder Mensch braucht Schlaf. Fünfte Minute. Ich muss mal pinkeln. Fünfte Minute. Ich muss im Liegen pinkeln. Fünfte Minute. Liege ich gerade auf dem Rücken oder auf dem Bauch. Fünfte Minute. Ich würde gern eine Batterie in der Hand halten. Fünfte oder sechste Minute. Fünfte Minute. Eine ausgestorbene Batterie. Fünfte Minute. Ich könnte mit ihr Bonbon spielen. Fünfte Minute. Ich würde keine abgelaufene Batterie in den Mund nehmen. Sechste Minute oder fünfte Minute. Beides. Fünfte und sechste Minute. Die Bäume sollen ihr Gerausche einstellen. Sechste Minute. Ich dürfte die Batterie nicht verschlucken, nur weil sich die Bäume bewegen. Sechste Minute. Viel bekomme ich vom Leben auf der Insel nicht mit. Sechste Minute. Fast schon siebte Minute. Aber immer noch sechste Minute. Ich würde die Batterie bis zum Ende im Mund behalten. Sechste Minute. Ich könnte mich mit der Batterie nicht unterhalten, wenn sie in meinem Mund ist. Ab der siebzehnten Minute würde ich beim Gedanken an das verheerende Rauschen der Bäume in der zweiten oder in der vierten Minute vielleicht sogar lächeln, wenn ich nicht gerade auf dem Rücken liege. Sechste Minute. War das eben das vereinbarte Lichtsignal auf dem Meer. Fünfte Minute. Die Batterien, die Batterien. Sechste oder siebte Minute. Siebte Minute. Ich könnte die Batterie abwechselnd auf mein linkes und mein rechtes Auge legen. Siebte Minute. Ich wünschte, meine Freunde würden erahnen, dass ich ohne eine zweite Batterie viel schneller mein Leben aushauche. Siebte Minute. Der Speer könnte abrutschen und durch meine Wange in den Rachenraum eindringen. Ich hätte gern den ganzen Mund voll Batterien. Siebte Minute. Ab der neunten Minute würde ich beim Gedanken an das näherkommende Rauschen der Bäume in der dreiundzwanzigsten Minute vorzugsweise den Verstand verlieren. Siebte Minute. Es lohnt sich noch nicht, an Jerry zu denken. Siebte Minute. Vergeht die Zeit ohne die genaue Zeit nicht schneller. Achte Minute. Siebte Minute. Siebte Minute. Siebte Minute. Die Bäume, die Batterien der Bäume. Achte Minute. Die Batterien in den Wangen der Bäume. Achte Minute. Die an den Batterien abrutschenden Speere. Achte Minute. Es lohnt sich noch nicht, an Teschi in der Turnhalle zu denken. Achte Minute. Ab der neunten Minute würde ich beim Gedanken an das näherkommende Rauschen der Bäume in der siebenundzwanzigsten Minute vorzugsweise den Verstand verlieren. Achte Minute. Ich möchte für einen Tag das Kind meiner Tochter sein. Achte Minute. Ich will davon profitieren, dass sie durch mein Geplärre die Nerven verliert. Achte Minute. War das eben ein normales Baumgeräusch mithilfe von Ästen und Ästen. Achte Minute. Wäre es nicht langsam Zeit für die neunte Minute. Achte Minute. Vergeht die Zeit ohne die genaue Zeit langsamer. Würden die Bäume jetzt zusammen mit den Kriegern an den Strand kommen, hätte ich keine Angst mehr vor ihnen. Achte Minute. Neunte Minute. Zehnte Minute. Neunte Minute. Angst vor den Bäumen. Neunte Minute. Ich muss beim Pinkeln in der fünften Minute auf dem Rücken oder auf dem Bauch gelegen haben. Neunte Minute. Jetzt brauchen die Urmenschen auch nicht mehr zu kommen. Neunte Minute. Wie kam ich auf der Insel 115 nur auf die Idee mit den sechzig Minuten. Neunte Minute. Die Krieger können noch einundfünfzig Minuten schlafen. Neunte Minute. Aber sie dürften es nicht innerhalb von einer Minute schaffen, mich am Ufer aufzuspüren. Neunte Minute. Wie lange ist es her, dass ich das letzte Lichtsignal auf dem Meer gesehen habe. Neunte Minute. Zehnte Minute. Elfte Minute. Neunte Minute. Das schwache Licht eben kam nicht von der Seeseite. Ich werde nie wieder etwas versprechen. Zehnte Minute. Noch ganz am Anfang. Wenn ich das hier überstehe, werde ich wieder zu ficken anfangen. Zehnte Minute. Es ist noch zu früh, um an Mädel und Jerry in ihren FDJ-Blusen zu denken. Zehnte Minute. Noch fast am Anfang. Was nützt mir die Batterie in der rechten Faust, wenn ich auf dem Bauch liege. Zehnte Minute. Warum kommen die Krieger nicht von der Seite, mit der ich am wenigsten rechne. Zehnte Minute. Zehnte Minute. Zehnte Minute. Zehnte Minute. Warum gibt es heute Nacht keine indischen Patrouillenboote in der Sperrzone. Zehnte Minute. Elfte Minute. Elfte Minute. Ich möchte als Kind meiner Tochter gern alles richtig machen. Elfte Minute. Ich möchte ihr mit meiner fordernden Lieblosigkeit im Alter nicht weiter zur Last fallen. Elfte Minute. Ich möchte sie zur Alleinschuldigen dafür machen, dass meine Todessehnsucht auf dieser Insel nicht so glattläuft wie geplant. Elfte Minute. Zwölfte Minute. Elfte Minute. Zwölfte Minute. Elfte Minute. Ich möchte, dass sie sich an unsere Jugend mit Kind erinnert, während sie mich dafür hasst, dass ich mit ihr in der fünften Klasse keine Geographiehausaufgaben gemacht habe. Zwölfte Minute. Elfte Minute. Zwölfte Minute. Würden die Speere jetzt mit den Bäumen zusammen am Ufer stehen, bräuchte ich mir keine Batterien auf die Augen zu legen. Elfte Minute. War das eben ein normales Baumgeräusch mithilfe von Ästen und Zweigen und Blattwerk und Ästen. Elfte Minute. Wäre es nicht langsam an der Zeit für die zwölfte Minute. Elfte Minute. Elfte Minute. Zwölfte Minute. Elfte Minute. Ich möchte neunundvierzig Minuten lang einer von ihnen sein. Zwölfte Minute. Aber sie dürften mich nicht innerhalb von einer Minute töten. Elfte Minute. Wenn ich jetzt den letzten Schnaps meines Lebens trinken müsste, dann wäre das anstelle von Bromhexin Tryasol. Zwölfte Minute. Zwölfte Minute. Zwölfte Minute. Zwölfte, elfte, zwölfte Minute. Wenn ich jetzt wichse, kann ich nicht sterben. Zwölfte Minute. Auf diese Art hatte ich sie alle. Zwölfte Minute. Jerry. Zwölfte Minute. Mimi. Zwölfte Minute. Teschi. Zwölfte Minute. Frau Krause. Zwölfte Minute. Elisheba. Zwölfte Minute. Dani. Zwölfte Minute. Alvine. Zwölfte Minute. Chandrika. Zwölfte Minute. Anekee. Zwölfte Minute. Shelmeni. Zwölfte oder dreizehnte Minute. Hitomi. Beide Minuten. Zwölfte oder dreizehnte Minute. Denisa. Beide Minuten. Dreizehnte Minute. Niemand darf mich jetzt unterbrechen. Dreizehnte Minute. Ich muss mich konzentrieren. Dreizehnte Minute. Vielleicht bringen die Bäume auch ihre Frauen mit an den Strand. Dreizehnte Minute. Ich möchte für siebenundvierzig Minuten einer von ihnen sein. Zwölfte Minute. Aber sie dürften mich nicht innerhalb von zwei Minuten töten. Dreizehnte Minute. Wen soll ich in dieser wichtigen Minute anzweifeln. Dreizehnte Minute. Hoffentlich bringen die Frauen ihre Frauen mit an den Strand. Dreizehnte Minute. Vierzehnte Minute. Vierzehnte Minute. Vierzehnte Minute. Vierzehnte Minute. Vierzehnte Minute. Dreizehnte Minute. Ich will beim Wichsen nicht einschlafen. Vierzehnte Minute. Ich will nie mehr zurück nach Deutschland. Vierzehnte Minute. Ich will ohne Kommentar für sechsundvierzig Minuten bei euch bleiben. Vierzehnte Minute. Ich möchte jetzt mit meiner Batterie im Mund Eigner anrufen. Vierzehnte Minute. Ich will jetzt mit meiner Batterie am Schädel mit Paulus sprechen. Vierzehnte Minute. Ich muss jetzt mit meiner Batterie auf dem Handrücken bis zu Gaston durchgestellt werden. Vierzehnte Minute. Ich kann mit zwei Batterien auf meinen Augen Zieger dort oben wiederfinden. Vierzehnte Minute. Ich kann mit einem Mund voll Batterien Meckel in Remuzat zur Umkehr bewegen. Vierzehnte oder fünfzehnte Minute. Vierzehnte Minute. Vierzehnte Minute. Vierzehnte Minute. Vierzehnte Minute. Sprich mit mir, Eigner. Vierzehnte Minute. Ruf zurück, Paulus. Vierzehnte Minute. Leg Gieseking zum Saufen auf, Gaston. Vierzehnte Minute. Von jetzt an schick mir jedes gottverdammte Buch von dir, Monsieur. Vierzehnte Minute. Wenn ich jetzt wichse, kann ich nicht sterben. Vierzehnte Minute. Ich höre wie die Toten von den Toten sprechen. Vierzehnte Minute. War das eben nicht das vereinbarte Lichtsignal auf dem Meer. Vierzehnte Minute. Wurde die Sperrzone in der letzten Zeit geflutet. Vierzehnte Minute. Kein Arzt der Welt darf mich zur Not behandeln. Vierzehnte Minute. Kein Medizinmann meinen Tod feststellen. Vierzehnte Minute. Wo sind die Dörfer auf den Inseln hin. Vierzehnte Minute. Wie wird man in zwei Tagen doch noch fünfundsiebzig. Vierzehnte Minute. Ich will sofort an einer Haltestange stehen. Vierzehnte Minute. Ich dürfte keinem Schwan im Schichtbus eine Szene machen. Vierzehnte Minute. Ich fordere die Beamten auf dem Meer zu einer Freiheitsstrafe auf. Vierzehnte Minute. Ich bin nicht mehr ganz bei Trost. Vierzehnte Minute. Sollen sie doch mit ihrem Kriegsvolk kommen. Vierzehnte Minute. Ich spreche vorher alles mit den Batterien ab. Vierzehnte Minute. Ich will jetzt sechsundvierzig Stunden bei euch bleiben. Vierzehnte Minute. Hatte ich Anrufe in der Zwischenzeit. Vierzehnte Minute. Wenn ich das alles überstehe, lasse ich in meinen Zimmern Bäume zu. Vierzehnte Minute. Ich nenne ausgestorbene Batterien Einsatzkräfte. Vierzehnte Minute. Wenn ich jetzt den letzten Schnaps meines Lebens trinken müsste, dann wäre das anstelle von Bromhexin Tryasol. Vierzehnte Minute. Ich möchte sechsundvierzig Tage bei den Kriegerfrauen bleiben. Vierzehnte Minute. Vierzehnte Minute. Vierzehnte, fünfzehnte, vierzehnte, fünfzehnte, vierzehnte Minute. Das wollte ich als Nächstes sagen. Vierzehnte Minute. Ich will die indische Marine mit einer Batterie begrüßen. Vierzehnte

Minute. Ab der vierzehnten Minute würde ich beim Gedanken an das näherkommende Rauschen der Bäume in der fünfzehnten Minute vorzugsweise den Verstand verlieren. Vierzehnte Minute. Vierzehnte Minute. Ab der vierzehnten Minute würde ich beim Gedanken an das näherkommende Fischerboot in der neunundfünfzigsten Minute monatelang auf den Bäumen verharren. Vierzehnte Minute. Neunundfünfzigste Minute. Vierzehnte Minute. Sollen sie mich doch holen. Vierzehnte Minute. Ich huste. Vierzehnte Minute. Ich niese. Vierzehnte Minute. Es gibt zwar keine Haltestangen in den Wäldern. Vierzehnte Minute. Ich unterdrücke mein Fieber seit Tagen mit Abdanklinien im Sand. Vierzehnte Minute. Mein Husten auf dem Bauch ist ehrlicher als mein Husten auf dem Rücken. Vierzehnte Minute. Wenn sie mich finden, sterben sie. Vierzehnte Minute. Ich habe damals, als es in der DDR drauf ankam, Malamud gelesen. Vierzehnte Minute. Schwarze und weiße Juden. Vierzehnte Minute. All diese Mieter. Ab der neunten Minute würde ich beim Gedanken an das näherkommende Geplärre der Bäume in der siebenundfünfzigsten Minute vorzugsweise den Verstand verlieren. Siebenundvierzehnte Minute. Siebenundvierzehnte Minute. Siebenundvierzehnte Minute. Siebenundvierzehnte Minute. Siebenundvierzehnte Minute. Siebenundvierzehnte Minute. Siebenundvierzehnte Minute. Siebenundvierzehnte Minute. Siebenundvierzehnte Minute. Siebenundvierzehnte Minute. Siebenundvierzehnte Minute. Siebenundvierzehnte Minute. Siebenundvierzehnte Minute. Siebenundvierzehnte Minute. Siebenundvierzehnte Minute. Siebenundvierzehnte Minute. Siebenundvierzehnte Minute.

XVII

Zandschow, Invasionen

HEUTE HATTE CLAASEN DAS GEFÜHL, SÄMTLICHE HALtestangen Norddeutschlands in der Versenkung verschwinden lassen zu müssen. Er hatte für die Zukunft keine Pläne. Er musste vergessen, dass am Ufer dieses Grillplatzes eine Apfelsine lag. Er hielt sich stundenlang an Palmen fest und zählte Schwäne. Zeit, die Bänke am Wasser näher an die Tiere heranzurücken. Jede volle Stunde setzte ein Boot zum Eiland über. Zwölf Tische auf der Restaurant-Terrasse. In den Stoßzeiten blieben alle am Strand. Zeit, den Faschisten unter den Touristen auf den Klippen Lebewohl zu sagen. Sollten sie doch zum Nakupenda Beach rübertreiben, wenn es ihnen hier zu voll war.

DIE ZEIT DER GLOBALEN HALTESTANGEN UND WEGWERFleinen. Haltestangen in Zügen. Bewegungsstangen in U-Bahnen. Verlegenheitsstangen in S-Bahnen. Abstoßstangen in Bussen. Türöffnungsstangen. Laternenstangen. Ampelstangen. Schiebestangen an Einkaufswagen. Balkonstangen. Baumstangen. Plakatstangen. Freiwillige Feuerwehrstangen auf dem Lande. Fahnenstangen zum Wohle des Volkes. Zeltstangen. Hindernisstangen. Abwurfstangen aus Flugzeugen. Die Flugzeugstangen selbst. Münzstangen. Tiefergelegte Gardinenstangen auf Linienschiffen. Aber auch die Linien selbst.

CLAASEN HATTE ES AM EIGENEN LEIB ERLEBT, IM LIDL von Höverlake. Sämtliche Schiebestangen waren von den Einkaufswagen abmontiert. Körbe auf Rädern. Infizierte Ränder von allen Seiten. Vor dem Warencenter waren zwei

Kisten aufgestellt. In der einen fanden sich Wegwerfleinen und Mondos. Die leere Kiste daneben war für die Entsorgung der gebrauchten Leinen und Fingerlinge vorgesehen. In einer stangenähnlichen Aufbewahrungsart auf glatten Unterlagen ist die gebrauchte Leine von einer unbenutzten Leine kaum zu unterscheiden. Falls eine vierundzwanzigstündliche Regenerierungsphase beim Ausliegen des gebrauchten Seils nach dem Lösen des Knotens am Korb bei etwa achtzehn Grad in der zweiten Kiste überhaupt zustande kommt. Claasen streifte sich jeweils fünf Mondos über die linke und die rechte Hand, wobei es ein komisches Gefühl war, mit einer schon ungefährdeten Hand eine schutzbedürftige Hand zu sichern. Der ersten Kiste war ein noch unbenutztes Seil zu entnehmen und an der ehemaligen Schiebestangenseite des Wagenrumpfes mit den unteren Wandspeichen zu verknoten, damit das Gefährt nicht schon bei der ersten Ziehbewegung vornüberkippen konnte. Die obere Begrenzungsleiste war so oder so für Leinen und Hände passé. Vor dem Einkaufsmarkt war zu Übungszwecken ein Spielstraßensystem auf den Asphalt des Parkplatzes gezeichnet. Engere Straßen. Breitere Straßen. Einbahnstraßen. Mehrspurige Dämme. Alleen. Plätze zum Wenden. Classen zog seinen Wagen an der Schnur durch die Dorfstraße. Es war mit dem Leiter der Einrichtung so abgesprochen. Er wollte erst mal allein zu Hause üben und verstaute seinen Rollkorb im Kofferraum des Autos. Die erste Leine hatte er in der Schlossallee nach wenigen Metern wieder abgeknotet und sie der Länge nach entsorgt. Er nahm sich eine neue Schnur, legte sie auf das Armaturenbrett und machte sich auf den Weg. Am Leinenende konnte sich dann auch später eine Handschlaufe anschließen. Durch die zweite Garnitur Mondos fühlte sich das Lenkrad an den unteren Billy-Boy-Schwimmhäuten zwischen den Fingern und den

Handrümpfen wie eine niemals in Gänze zu ersetzende, schon seit Langem von sich selbst irritierte Steuerstange an.

DIE WARNBLINKANLAGE TICKTE, HINTER CLAASEN STAUten sich die Fahrzeuge. Am liebsten immer geradeaus. Nur in keine Kurve einbiegen. Er winkte den Überholenden zu. Es kam ihm heldenhaft vor, die anderen auszubremsen, sie daran zu hindern, Termine und Verfehlungen einzuhalten. Die ersten fünfhundert Meter waren geschafft. Pferde und Kornfelder zogen an ihm vorbei, aber in umgekehrter Reihenfolge. Das Seil lebte. Hier gab es keine Ampeln. Seit etwa zehn Minuten versuchte er, im dritten Gang zwanzig Stundenkilometer zu fahren. Das könnte Monate so weitergehen. Die Landstraße blieb ihm gewogen. Zu Hause angekommen, übte Claasen mit seinem Gefährt unter erschwerten Bedingungen. Kopfsteinpflaster. Niederschlagssenken. Er hoffte, dass alle Zandschower für eine Stunde in ihren Häusern blieben. Einmal die Dorfstraße hoch und runter. Oben am Friedhof wenden. Den Wagen mit dem Fuß stoppen. Unerwünschtes Jagdverhalten eindämmen. Sicherte man sein Gefährt mit einer Leine, verhinderte man, dass sich der Wagen zu weit vom Menschen entfernte, auf andere Rollkörbe reagierte oder aber gar seiner eigenen Wege ging. Es gab Situationen im Alltag, bei denen die Schleppleine kurzgehalten werden sollte, um eine größere Kontrolle über den zu ziehenden Gegenstand zu haben. Mit solch einer Leine hätten wir ein Hilfsmittel zur Hand, das bestimmte Verhaltensweisen eines Gestells auf Rädern, die vom Menschen als unzumutbar eingestuft werden, verhindere. Nur einmal die Dorfstraße hoch und runter. Oben am Friedhof wenden. Ein voller, auf einer abschüssigen Ebene in Bewegung geratener Korb kann seinem Führer mit einem jähen Ruck die Leine so heftig entziehen, dass es an den Handinnenflächen zu Brandverletzungen kommen kann. Claasen bemühte sich am Anfang, die Leine zunächst kürzer zu halten und sie dann schrittweise mit dem Trainingsfortschritt zu verlängern. Allerdings ergab ein zu kurz gehaltenes Seil wenig Sinn, wenn man trainierte, seinen Einkaufswagen bald wieder komplett ableinen zu können. Hier musste unbedingt die Überlegung eine Rolle spielen, welchen Abstand der Wagen später auch ohne Leine zu seinem Menschen haben sollte.

VERLASSEN VON BRIEFEN AUS DEM ZWANZIGSTEN JAHRhundert. Stralsund, vierzehnter Juli, neunzehnhunderteinundachtzig, meine liebste Mami, ich glaube, ich will später Meerestaucher oder Wrackforscher werden, so wie Jacques-Yves Cousteau, kannst du mir bitte eine rote Wollmütze stricken. Diese Mütze wäre mir viel lieber als ein blaugelber oder blauweißer Fußballschal. Das Stadion der Freundschaft ist für mich Geschichte. Das letzte Spiel gegen Union Berlin hat mir gereicht. Ich saß neben meinem Freund Brille im Berliner Fanblock, und immer wenn unser ASV eine Chance hatte, brüllte er mir zu, du und dein scheiß Armeesportverein, während ich lauthals den Gegner anfeuerte. Über zwanzig Jahre früher hießen wir noch Sturmvogel Parow und mischten die Bezirksliga auf. Ob mir Brille wohl in dieser Zeit, du und dein scheiß Sturmvogelverein zugebrüllt hätte. Nie wieder in so ein Stadion, das schwöre ich dir. Ich will nur noch dahin, wo keine meterhohen Union-Stangen mehr hinreichen, dahin, wo ich kein besoffenes Gegröle mehr ertragen muss. Ich will runter in die Mittagsruhe der Wracks. Aber beim Öffnen der Kabinentüren sollen mir kleinere Fische entgegenkommen, damit ich weiß, dass ich im Ernstfall noch Luft bekommen würde, weil in dieser gespenstischen Ruhe keine Eingangsregelung mehr gilt. Die ersten Male hätte ich gern noch einen Kontakt zum Festland, würde mit Borke wie immer an den Sonntagen mit zwei Buden Rotwein bis ans Ende der Mole gehen und mich dann, wenn ich warm bin vom Trinken, an einer Strickleiter ins Wasser runterlassen, auch wenn ich denke, dass eine Yacht niemals vor einer Hafeneinfahrt untergeht. Die hundert Schritte bis zum Anlegesteg hätte die Yacht dann auch noch geschafft. Selbst mit einem Leck. Schmeckt das Wasser unter den Pantryschränken lieblich, ist im günstigsten Falle nur die Leitung vom Frischwassertank abgesprungen. Lappen, Polster, Kunststoffkegel, Kissen und Küchenbretter. Bei kleineren Lecks wäre auch die Verwendung von Kartoffeln und Möhren möglich. Hat der Wasserspiegel innen und außen die gleiche Höhe, sollte die Fahrt nicht aus nostalgischen Gründen unterbrochen werden. Nach knapp einer halben Minute würde Borke immer kurz an der Leiter ziehen, das wäre das Zeichen für mich, die linke Hand noch immer am Ende des Seils, wieder an Land zurückzukehren. Für meine Tauchgänge am unteren Molenkopf, an dem mit Seegras und Algen zugewachsenen runden Betonpfeiler, bräuchte ich stabileres Werkzeug als meinen Hirschfänger, um wenigstens den Namen des Wracks freikratzen zu können. Calypso. Ich habe mich hier oben lange genug als Zorro oder Osceola verkleidet, meine liebste Mami, nur diese Mütze bitte noch.

AB FÜNFZIG DENKT MAN ÖFTER AN DEN TOD, DIE RHYTHMusstörung ist kein gutes Omen, der Kreislauf zuckt, wir googeln nach Symptomen und haben noch paar Wochen ohne Not, das Licht der neuen Turnschuhe bleibt im Haus, wir zählen unsere Schritte durch den Garten, als könnten wir die Grenzen kaum erwarten, wir zögern die Berliner Luft hinaus, das Taille-Hüft-Verhältnis zu ermitteln gleicht einer selten schönen Todesart, der Körperfettanteil ist nicht ideal, der Weg ins Hospital ist zu zwei Dritteln erforderlich und niemals mehr apart, gesund zu leben macht uns radikal.

ZERRISSEN VON BRIEFEN AUS DEM EINUNDZWANZIGSTEN Jahrhundert. Schwerin, fünfundzwanzigster März, zweitausendzwanzig, mein liebster Sohn, ich sehe dich noch als kleinen Jungen vor mir, mit Bonzo im Arm, im Kleidchen und mit Schute, wir hatten uns so sehr ein Mädchen gewünscht, dein Vater vielleicht noch mehr, in den letzten Jahren habe ich dich wohl zu wenig gesehen, aber du hattest bestimmt immer viel zu tun. Ich habe seit einigen Tagen einen Marienkäfer im Zimmer. Er landete bisher auf meiner Bettdecke, der Gardine, auf meinem Handrücken und einmal sogar auf dem Filzstift in der geöffneten Schublade meines Nachtschränkchens. Ich nenne ihn Tiramisu. Marienkäfer dringen im Winter auf ihren Wanderungen in die wärmeren Regionen Europas zu Hunderten, zu Tausenden in Häuser und Wohnungen ein. Wusstest du das. Sechsundzwanzigster März. Tiramisu schläft seit zwei Tagen. Ich mache mir Sorgen. Das Augustenstift ist ein sicherer Ort für uns beide. Wir hören zusammen Udo Jürgens, Vicki Leandros oder lassen uns von Schwester Ines bereits am Morgen die *Julia, du bist zauberhaft*-DVD ins Laufwerk legen. Das alles bräuchte nie mehr aufzuhören. Alle paar Minuten sehe ich nach dir. Ob du deine Lage geändert hast. Ob dein eines Beinchen nicht mehr raushängt. Wenn das alles noch länger so reglos weitergeht, wünschte ich, du wärest irgendwann für immer weg. Ich wollte eigentlich niemals Tiere in meiner Wohnung haben. Wusstest du das. Ich habe Schwester Ines nicht auf dich aufmerksam gemacht. Solltest du jetzt in einem Haus wohnen, mein Junge, und diese Tiere als lästig empfinden, kannst du sie vorsichtig mit dem Handfeger auf die Schaufel kehren und draußen aussetzen, falls der Winter schon nachgelassen hat. Ich beginne, das eine Beinchen auf eine eher unbedenkliche Art zu hassen. Solltest du jetzt in einem Haus auf dem Land wohnen, du Bursche, und die Heerscharen dieser Tiere als lästig empfinden, kannst du den Bund einer Socke über das Staubsaugerrohr stülpen und den Rest locker in die Öffnung stopfen, um die Käfer auf niedrigster Ansaugstufe zum Umdenken zu bewegen. Der Europäische Marienkäfer tritt im Augustenstift immer seltener auf. Asiatische Marienkäfer erobern zunehmend seinen alten Lebensraum, sind resistenter gegen Viren und ernähren sich von Larven heimischer Käferarten. Wusstest du das, mein Junge. Siebenpunkt oder Harlekin. Ich hätte Schwester Ines davon abhalten sollen, die Heizung höher zu drehen und tagsüber die Nachttischlampe anzuschalten, damit ich die Lieder von Udo Jürgens sehen kann. So bleibt uns allen die Kältestarre erspart. Ich würde nie mehr versuchen, Tiramisu zu streicheln. Beim letzten Mal sonderte er ein übelriechendes Sekret aus seinen aufrechten Beinchen ab, das mich wohl auf Abstand halten sollte. Wusstest du das denn nicht.

ZANDSCHOW, DREISSIGSTER MÄRZ, HALLO TIANY, HUhuuu :-) Ich hoffe, du bist gesund und munter und hast deine Lebensfreude noch nicht verloren? Ich bin Bengt, habe dich gerade erst gefunden. Ich finde dein Profil ganz nett und würde gerne die Person dahinter kennenlernen. Was machst du im Moment so den ganzen Tag? Ich traue mich ehrlich gesagt kaum aus dem Haus, spiele den ganzen Tag alte Nintendo-Klassiker oder liege im Bett und sehe fern. Ich hoffe, es geht bald bergauf und man kann endlich wieder am normalen Leben teilnehmen. Ich hätte ja auch nie gedacht, dass nicht zu arbeiten sooooo schrecklich sein kann :-D Und dann wohne ich auch noch alleine, bin Single und habe niemanden an meiner Seite. Puh, das kann auf Dauer echt hart sein. Hast du wenigstens jemanden? Oder bist du auch allein? Hast du Lust zu telefonieren? Oder wollen wir whatsappen? Auf www.diemännervomlande.de siehst du meine Handynummer und auch ein paar Fotos mehr von mir. Meine Freunde behaupten, dass ich Ähnlichkeit mit Russel Crowe hätte. Aber das guckt sich mit der Zeit weg. Deshalb nennen mich diese Hillies auch gern mal Rusty oder Rusty-Man. Das mag ich. Nach Höverlake würde ich nur ziehen, wenn Zandschow mal irgendwann von seinem kleinen Ozean überflutet werden würde und auch im Rest von Europa die künftigen Rehe auf den Feldern fehlten. Ab und zu schreibe ich Gedichte über Liebe, Freundschaft und mein Leben auf dem Land. Du findest mich unter dem Namen Bengt1000. Kannst dich ja mal melden :-P Vielleicht können wir uns ja mal spontan zum Einkaufen in Höverlake treffen und uns eine Packung Makkaroni mit Tomatensoße teilen :-D Ich freue mich auf deine Antwort, ganz liebe Grüße, Bengt :-*

DAS ZERREISSEN VON BRIEFEN AUS DEM ZWANZIGSTEN Jahrhundert. Zandschow, vierzehnter Januar, neunzehnhundertdreiundneunzig, meine liebste Mama, ich trage noch immer die rote Mütze von damals, obwohl ich dafür fast schon zu alt bin, eben hörte ich eine Meldung aus Parow, dass Rettungshubschrauber aufgestiegen sind, bei einem Orkan der Windstärke zwölf, die Ostsee hat nur zwei Grad, die polnische Fähre *Jan Heweliusz* ist zwanzig Kilometer östlich von Rügen gesunken, Sturmtief *Verena* peitscht mit einhundertfünfzig Stundenkilometern übers Meer, im Bauch der Fähre hatten sich Eisenbahnwaggons aus den Schienen gelöst und waren an die Seite gerutscht, der Kapitän hatte noch versucht, Ballastwasser in die Ausgleichtanks auf der gegenüberliegenden Seite zu pumpen, aber es war zu spät, das Schiff wieder zu stabilisieren, LKW-Fahrer aus Österreich, Schweden und Ungarn überraschte das Unglück im Schlaf, für fünfundfünfzig Menschen kommt jede Hilfe zu spät, nur neun Überlebende, einer davon verbringt im Schlafanzug fünf Stunden im Wasser, fünf Stunden in der grausamsten, je von allen bisherigen Geschichten verlassenen, von aller künftigen Familienbrandung zerklüfteten Außenkabine der See, geklammert an eine Rettungsinsel, obwohl die Überlebenschancen unter diesen Umständen äußerst gering sind, krallt sich dieser Mann nach fünf Stunden im überfrorenen Übergangsgehäuse seines Schlafanzugs in der Uniform der leitenden Stralsunder Fliegerärztin Andrea Baranowski fest und verspricht sich nur verschwommen davon, sie selbst im Cockpit des Hubschraubers, über den fast bis zum Flieger hochzüngelnden Wellen, nie wieder loszulassen. Zusammengerutschte Waggons. Ballastwasser und LKWs. Sturmvogel Parow. Meine liebste Mama, als ich mit meiner Mütze noch Wrackforscher werden wollte, bin ich immer davon ausgegangen, dass mir beim Öffnen der Kabinentüren auf dem Grund der Meere Fische entgegenkommen, kleinere Fische, obwohl die ja nie zur Besatzung gehört haben können, falls ich diese alten, erstarrten Schließmuskel überhaupt jemals aufbekommen würde.

LA QUARANTAINE DE L'ARLEQUIN ET DU TIRAMISU. DAS alles bräuchte nie mehr aufzuhören. Alle paar Minuten sehe ich nach dir. Ob du deine Lage geändert hast. Ob dein eines Beinchen nicht mehr raushängt. Warum seid ihr plötzlich zu viert. Wenn das alles noch länger so reglos weitergeht, wünschte ich, du wärest irgendwann für immer weg. Ich wollte eigentlich niemals Tiere in meiner Wohnung haben. Wusstest du das. Eine Bekannte aus dem US-Bundesstaat

Ohio schrieb mir, dass die Asiatischen Maikäfer, wenn sie dort ein Winterquartier suchen, oft zu etlichen Tausend gleichzeitig in die Häuser einfallen. Die Wände erinnern sie an die Felsen in der Heimat. Aus dem badischen Freiburg wurde Ähnliches vermeldet. Als Austragungsort solcher Massenveranstaltungen wäre mir Ohio aber lieber. Alle paar Minuten sehe ich nach dir. Laut einer Studie verringert der direkte Zugang zu einem Wald, einer Weinplantage oder einer begrünten Eingangshalle die Gefahr einer psychischen Krankheit um fünfundfünfzig Prozent. Wenn die Harlekine zur Weinlesezeit in großer Anzahl in die Verarbeitung gelangen, weil sie sich beim Pflücken der Früchte zwischen den Beeren der Trauben aufgehalten haben, kann es passieren, dass ihre gelborange Körperflüssigkeit mit in die Maische oder in den Traubenmost übergeht und der Wein ein paprikaartiges Aroma oder den Geschmack verbrannter Erdnussbutter annimmt. Ich glaube nicht, dass du dich in einem gehobeneren Restaurant trauen würdest, das herausschmecken zu können, mein Junge. Vier bis fünf Käfer pro Kilogramm reichen beim Riesling und fünf bis sechs Käfer beim Spätburgunder, um den Geschmack erkennbar zu verändern. Vanillestangen auf dem Fensterbrett, Vanillestangen.

JEDES JAHR UM DIESE ZEIT ORGANISIERT WOLF AM TEICH das Darajani-Fest. Er spannt Hängematten zwischen den Bäumen auf, lässt Kanus aus dem Landesinneren an die Strände ziehen, verteilt Obst und Gewürze an das Partyvolk, schenkt Windhoek Lagerbier auf eigene Kosten aus und organisiert die Überfahrten zur Insel. In den Stoßzeiten bleiben wir lieber auf dem Eiland und besetzen alle zwölf Tische. Rudert ihr doch zum Nakupenda Beach rüber, wenn es euch hier zu voll ist. Die Arbeitersiedlung von Chem-Coast ist unsere Karl-Marx-Allee. Keramik-Toiletten und fließendes Wasser. Erst die Industrie, dann die Unterbringung für die Werktätigen, aber in umgekehrter Reihenfolge. Ich bin nur selten zum Schlafen dort. Meine Tür verriegele ich dann von innen mit einem Balken. Spartanische Einrichtung. Matratze. Tisch. Stuhl. Wandschränkchen. Stehlampe. Hometrainer. Das Halsband am Fensterknauf. Die Nächte verbringe ich mit den Einwohnern an der Küste. Ich bin jetzt tot, aber das ist gerade eure geringste Sorge. Gebt mir doch wenigstens die Chance, euch zu vernachlässigen. Auf Myspace war ich mal mit Björk befreundet. Einfach so. Ich habe es aber nur meinen besten Freunden erzählt, doch nicht jedem Dahergelaufenen.

DER KÖRPER HOLT LUFT. DER KÖRPER TICKT. DER KÖRPER ist oft Heimat schwarzer, mitteilsamer Ränder. Der Körper kann verlängerte Besuchszeiten für unsere Schmerzen garantieren, falls wir mit ihm kooperieren. Der Körper macht sich keine Gedanken. Der Körper hält Gott für einen Koordinator. Der Körper hat ein Halsband. Der Körper fickt und lacht. Der Körper verlangt nach Gott. Der Körper besitzt Geisteskräfte. Der Körper hat Todesangst. Der Körper zeigt dir die nächste Frau. Der Körper ist ein Vorbestrafter. Der Körper neigt zu Gewalt. Der Körper hält Sansibar und Kolumbien aus. Der Körper zählt Krisengebiete zu seinen Vorfahren. Der Körper beteiligt sich montags am Großstadttraining. Der Körper hat in seiner leichtesten, von allen Zweifeln gereinigten Stunde mit Gott gesprochen. Gott hat genickt. Seine Sagittalebene schien auf die Themenwahl vorbereitet gewesen zu sein. Der Körper würde aber auch gern in Höverlake oder in Rüstersiel Zuspruch erfahren. Mein Körper ist in Zandschow. Und Gott hat genickt, in all seiner muskulären Vollendung, die klandestine Andersartigkeit seiner Hals- und Nackenpartie betreffend, genickt.

WIR HABEN NOCH PAAR JAHRE OHNE NOT, SOLANGE WIR uns an die Küsten trauen, mit Frauen, Kindern, aber auch mit Frauen, die Männer haben, Kinder, sapperlot, ein Ozean ist nichts zum Gegenlehnen, ein gutes Haus ist immer gut am Rand, das nächste Krankenhaus bleibt in der Hand von Äpfeln, Harlekinen und von Schwänen, um siebzehn Uhr ist Essenszeit am Bett, mein Gott, die Kinder kommen in die Jahre, wir werden schon noch sehen, wer hier spinnt, im Heim gibt es den Stuhl, das Fensterbrett, falls ich euch mein Geheimnis offenbare, wir sterben nie, genügsam, wie wir sind.

WIR TRINKEN UND FACKELN NICHT LANGE MIT UNSERER Liebe. Die Wolken sind die Resteverwerter der Felder. Verwaschene oder verwackelte Mähmaschinen. Verwackelte Druckschmierung. Verwaschene Messermitnehmer. *w 1600 Prime Wisconsin*. Rehe und Sterne. Holperige Wolken. Endlich zu Hause sein. Die ständigen Gerüchte über die Gebiete im Süden und vor allem im Osten von Zandschow, die meilenweit vom Zentrum entfernt sind, konnten uns letztlich nicht davon abhalten, hier ein neues Leben zu beginnen. Innerhalb der Felder Zandschows patrouillieren täglich zwanzig von uns durch die Straßen. Chakib und Faisal. Bei beiden würde ich schwach werden. Der kleine und der große Grabosch. Bei beiden würde ich schwach werden. Ricky und Benter. Um nur einige zu nennen. Bei beiden würde ich schwach werden. Jeder von uns war im Besitz eines sauberen Kronkorkens ohne Seriennummer. Nurbanu und Hadidza. Bei beiden würde ich schwach werden. Jeder von uns war schon mal im Shoot-Club in Rüstersiel, um sich mit Abwehrmitteln einzudecken. *Auch mit einer Armbrust kann man dem politischen Gegner auf dem Lande Bewegungsangebote unterbreiten*. Mädel und Jerry. Bei beiden würde ich schwach werden. Die weniger frequentierten Gegenden wie Höverlake Ost und Rüstersiel lässt du in den Nächten besser links liegen. Bolo und Li. Bei beiden würde ich schwach werden. In den Bars der Umgebung lasse ich mein Glas nie aus den Augen, stülpe eine Schale in Terrakotta-Optik darüber, aus Angst vor fremdem Speichel und Scopolamin. So stelle ich mir mein Haus auf dem Lande vor. Mimi und Teschi. Bei beiden würde ich schwach werden. Eine meterdicke weiße, bewohnbare Säule mit Kopfbrüstung im Hochland von Zandschow. Pampel und Digger. Bei beiden würde ich schwach werden. Einen milchigen Eiswürfel als Fahrstuhl. Gruber und Hillert. Bei beiden würde ich schwach werden. Dauerverwöhnte Frische im Lift. Hundezwinger und Hühnerstall. Bei beiden würde ich schwach werden. Unantastbare Kabinenmaße. Körperchen und Dettel. Bei beiden würde ich schwach werden. Plattenspieler und Luftgewehr. Bei beiden würde ich schwach werden. Kassettendeck und Carbonpfeil. Bei beiden würde ich schwach werden. Wir halten es für sinnvoll, unsere Umgebung vor Fremden und Touristen zu schützen. Die Käfergittertür muss geölt werden. Minibar und Gästezimmer. Bei beiden würde ich schwach werden. Wir notieren Autokennzeichen, geben sie per Funk an unsere Mitstreiter weiter. Wir legen Wert darauf, unsere Küste, die Palmen, die Hängematten und die Flamingos nicht höher zu bewerten, als sie sind. Welche Flamingos. Die Bürgerwehr wird an den Sonntagen von Wolf trainiert. Er bringt uns den Umgang mit schwierigen Besuchern bei, diese drei entscheidenden Handgriffe. Blicktötung, Lärm, sichtbare Gebetshandlungen. Unser Lebensmodell ist natürlich nicht lange geheim zu halten. Ficken und Lieben. Felder und Wolken. Vorher-Nachher-Fotos. Fotos von falschen Schwänen an der Küste unter Palmen in der Hauptstadtpresse. Die gloriosen Verheißungen vom Leben auf dem Lande. Freude und Genussfähigkeit, die sich auf Armut und Phantasie gründen, werden als gesellschaftliche Gefahr eingestuft, die ja immerhin darauf hinauslaufen könnte, das Establishment in all seiner politischen, wirtschaftlichen und kulturellen Überheblichkeit gegenüber der einfachen Landbevölkerung außer Kraft zu setzen. Zandschow ist Sansibar. Und Sansibar ist weder ein paradiesischer militärischer Stützpunkt noch sonst wo. Küste und Schießübung. Bei beiden würde ich schwach werden.

WENN DAS BEGLEITEN EINES HALSBANDES DURCH DIE Dörfer nicht so schön wäre, könnte es auch langsam dunkel werden. Der Scheibenwischerhebel rechts am Lenkrad ist vorerst nicht zu bedienen. Reine Vorsichtsmaßnahme. Ich sage in der sich allmählich ausbreitenden Dämmerung das Alphabet auf. Wenn beim Aussprechen der Buchstaben M, P und Y jeweils links oder rechts ein Baum am Straßenrand steht, komme ich in dieser Nacht noch unzählige Kilometer weiter. Abweichungen von zwei bis fünf Fuß sind erlaubt. Ich will ja nicht kleinlich sein. Fast die gleiche Anzahl Bäume zu beiden Seiten der Fahrerkabine. Landstraße, Autobahn, Landstraße, aber in umgekehrter Reihenfolge. Ich glaube, ich mache das jetzt jedes Wochenende. Die Welt ist das Größte auf der Erde. Fragt doch die Halsbänder. Essen steht auf dem Herd.

VERLASSEN VON BRIEFEN AUS DEM EINUNDZWANZIGSTEN Jahrhundert. Zandschow, dritter April, mein lieber, noch immer schlafender Vater, die Haare, die ich dir auf dem Bett mit einer Nagelschere abgeschnitten habe, bewahre ich in einem mit Tesafilm umwickelten Taschentuch auf, das ich unter dem Plattenteller versteckt habe, für schlechte Zeiten. Ich habe Angst, das Klebeband könnte mit der Zeit neben dem Zellstoff auch deine Haare mit an sich gerissen haben. Bei beiden würde ich schwach werden. In diesem Jahr werde ich versuchen, dich aus der andauernden Umklammerung zu befreien. Ich habe mir ein Schnellverschlussbeutelchen kommen lassen. Sehr praktisch. Alles okay. Schnelle Lieferung. Über die Verwendung kann ich höchstens im nächsten Jahr etwas sagen, da ich erst in der Vorweihnachtszeit den Mut aufbringen werde, dieses Beutelchen auszuprobieren. Zusammengeklebte Tücher sind die Resteverwerter von Haaren. Selbst wenn sich die Platten über dir nur unmerklich langsamer drehen. Reißfest und stabil. Diesen Zipper benutze ich nur ein einziges Mal in meinem Leben. Der Plattenspieler im Wandschränkchen ist nicht ohne. Ich verspreche mir dann endlich ein Nebengeräusch von ihm, auch wenn es nicht alle Haare in das Tütchen geschafft haben sollten.

Anmerkungen

Diese Platten waren beim Schreiben für mich unabdingbar: *20th Century Music*, *Sound Of Horse* und *Chamber Works 1992-2009* von Laurence Crane, *The Space Between* von Joanna Brouk, *Snow Leopard Messiah* von Nature And Organisation, *Still Away* von Satoshi Ashikawa, *Pilgrims* von John Wolf Brennan, *Palmless Prayer / Muss Murder Refrain* von Mono & World's End Girlfriend, *Ricercar 3 Variation*, *Ricercar 6 Variation*, *Organics in C-Dur* und *Rectus* von David Ramirer, *Ghost Town* und *Good Dog, Happy Man* von Bill Frisell, *Strom* von Martin Kohlstedt, *The Sinking Of The Titanic* von Gavin Bryars, *Blues Run The Game* von Jackson C. Frank, Henryk Gorecki, *Sinfonie Nr. 3* von Beth Gibbons & The Polish National Radio Symphony Orchestra, *Open* und *Aquatic* von The Necks und *Piano And String Quartet* von Morton Feldman.

Sir Francis Drake: englischer Freibeuter und Entdecker (1540-1596)

Die Männer von Saint Malo: französische Abenteuer-Serie aus dem Jahr 1966, wurde 1975 synchronisiert und im DDR-Fernsehen ausgestrahlt

Carlos Valderama: 1961 geborener, ehemaliger kolumbianischer Fußballspieler

Kevin Keegan: 1951 geborener, ehemaliger englischer Fußballspieler

Pierre Littbarski: 1960 geborener, ehemaliger deutscher Fußballspieler

Neymar: 1992 geborener, brasilianischer Fußballspieler

Mark Spitz: 1950 geborener, ehemaliger amerikanischer Schwimmstar

Chris Froome: 1985 geborener, kenianisch-britischer Radrennfahrer

Alberto Contador: 1982 geborener, ehemaliger spanischer Radrennfahrer

Andreas Okopenko: österreichischer Schriftsteller und Lyriker (1920-2010)

Hitomi Tanaka: 1986 geborenes, japanisches Idol

Denisa Krajíćková Trlica: 1976 geborenes, tschechisches Idol

Golli: Titel eines Romans von Gerd-Peter Eigner (1942-2017)

Björk: 1965 geborene, isländische Sängerin und Musikerin

Fips Fleischer: deutscher Jazzmusiker und Komponist (1923-2002)

Bernard Malamud: jüdisch-amerikanischer Schriftsteller (1914-1986)

Jacques-Yves Cousteau: französischer Meeresforscher (1910-1997)

Osceola: DEFA-Indianerfilm aus dem Jahre 1971 mit Gojko Mitić in der Hauptrolle des Häuptlings der Seminolen.

Zorro: italienisch-französischer Abenteuerfilm aus dem Jahre 1975 mit Alain Delon in der Hauptrolle. Der Film kam am siebten Januar 1977 in die Kinos der DDR.

GST: Groß Stadt Training

GAIA: Geld Automat Im Ausland

EK: Europa Konferenz

SP: Schwan Patenschaft

WU: Welt Untergang

RT: Reh Tagebuch

BW: Bürger Wehr

Brüderchen und Schwesterchen: Märchen der Gebrüder Grimm

Der Flaschenhals: Märchen von Hans Christian Andersen. Verwendung des Themas in Kapitel VIII

Dank an: meine Franzi, mein Robbenbaby Feri-San, Ulrich Koch, Dave und Claudia, Scheff, Arnaud und Bea für Dasein und Hilfe in Cuba, Hanne und Kalle, Mario und Anke, Schmidti, Alex und Leo, Achim und Birgit, Holger und Angelika, Peter und Sirko von der Feuerwehr, Elke, Gerhard und Denise, Tigerchen und Bämo für ihren unermüdlichen Einsatz zum Schutz des Anwesens auf dem Lande, Kiki, Tascha, Holly, Gundi, Nylo, Nils, Kilo, Wumpi, Ali, Pinkman, Robby, Pushi, Wolle, Patschi, Charles, Walther, Ray, Jesse, Rolle, Hu-Minh, Cantona und Bärchen, Anne, die Weltumseglerin, Joachim Zelter, Stephanie Jacobs für das Öffnen der Museumspforten, Egmont Hesse für immerwährende Erinnerungen an Ulrich Zieger und Oliver Mertins, Daniel

Wisser für seinen Hinweis auf Andreas Okopenko und auch sonst, Uwe Schütte für sein Auffinden der *Freien Folge*, Arturo-San, die Rückkehr der Pampelmusen, Pele, Dani, David Ramirer, Anton Erni, Günther Bach, Andi und Joschi für unsere Tischtennisfamilie, Lutz für langjährige Freundschaft und eine Gedichtstelle in seinem neuen Roman, meinen Sohn Dorian, Jana, Emilia und Nora, Stebbie, Mädel, Kattyia, Paul und Ricky auf Schicht, Ute und Birger für alles und immer, Hans Höller, Klaus Werner, Jörn und Nina, Schraplau und Aseleben, die Solarleuchten und die Feuerschale.

Cuba, Großdeuben, Carthagena, Großörner, Aseleben, Querve, Höverlake (2016-2020)